Carola Adler

Gewandung der Halblinge

Zauberfeder Verlag, Braunschweig, Germany

Carola Adler
Gewandung der Halblinge

Erste Auflage 2017

Text: Carola Adler
Illustrationen: Kay Elzner
Lektorat: Stephan Naguschewski
Satz und Layout: Christian Schmal, Heike Philipp
Herstellung: Tara Tobias Moritzen
Druck und Bindung: UAB BALTO print, Vilnius

Printed in Lithuania
ISBN: 978-3-938922-45-3
www.zauberfeder-verlag.de

Carola Adler

Gewandung der Halblinge

Zauberfeder

Inhalt

In dem Abschnitt Nählexikon befinden sich hilfreiche Erläuterungen zu Fachausdrücken. Es ist von Vorteil, diese einmal gelesen zu haben, bevor mit dem Nähen begonnen wird.

Einleitung

Über dieses Buch

In unserer bürokratisierten Zeit verspüren viele Menschen den Wunsch, sich von ihrem Alltag zu lösen und etwas Neues auszuprobieren. Sie wollen austesten, wie es sich anfühlt, jemand anders zu sein, ohne dafür ihr eigenes Leben auf den Kopf stellen zu müssen. Die durch das Rollenspiel aufgespannten Welten bieten dafür eine unkomplizierte Spielwiese voll von netten Leuten, die oft das gleiche Ziel haben. So wird der Bankangestellte zum Ork, der Lehrer zum Zombie, die Chirurgin zur Elfe oder der Dachdecker zum Priester – und anschließend wieder er selbst.

Überzeugende Requisiten helfen bei diesen Ausflügen in eine andere Welt und machen den gewählten Wochenendcharakter greifbarer und erlebbarer. Im Vergleich zum Fasching ist der Anspruch an eine erfundene Authentizität größer und die Erscheinung detailreicher. Ein jeder Darsteller ist sowohl Schauspieler wie auch Zuschauer, und somit wird einerseits Wert auf glaubhafte eigene Repräsentation gelegt, andererseits fachkundig die Gewandung des Mitspielers begutachtet. Es ist die Suche nach der perfekten Illusion, die viele Darsteller dazu bringt, viel Geld oder Zeit in eine entsprechende Ausrüstung zu stecken, oft auch beides.

Einen maßgeblichen Anteil an der passenden Ausrüstung nimmt eine individuelle Gewandung ein. Zumindest sollte sie individuell sein, wenn nicht Ork und Elf im gleichen Lederwams herumlaufen wollen.

Anders als bei Faschings- oder Karnevalskostümen muss diese Gewandung aber nicht nur echt aussehen, sie muss auch so riechen und sich vor allem so anfühlen. Dafür sind diverse Anforderungen zu erfüllen. Die Gewandung sollte bequem und outdoortauglich sein. Für die Kinovorbilder gibt es bei Regen und Schneematsch Drehpausen, die das wirkliche Leben nicht bietet. Ein Umhang aus Baumwolle hat seinen Zweck verfehlt, einer aus Kunststoff wirkt nicht authentisch. Aus Loden oder Filz hingegen sieht er glaubwürdig aus und hält Kälte und Nässe ab. Das unterstützt das realistisch wirkende Gesamtbild einer Gewandung. Ebenso wie die löcherige Lederhose eines Söldners, der blutverschmierte Kittel eines Heilers oder der abgeschrammte Gambeson eines Kriegers helfen natürliche Materialien und häufiges und „rücksichtsloses" Tragen von Gewandungen, Illusionen zu verdichten. Nicht nur dem Zuschauer, sondern auch dem Darsteller. Ein Hemd, welches beim Anziehen bereits den Geruch von Holzfeuer und Schaf verströmt, macht es einem leichter, in die entsprechende Rolle zu schlüpfen. Individuelle, liebevoll gestaltete Gewandungen bereichern die Vielfalt jeder Fantasywelt.

Mit diesem Buch wollen wir Hilfestellungen zum Erreichen der perfekten Illusion geben. Die stilistischen Ideen für die Gewandung von Halblingen stammen aus dem viktorianischen England. Allerdings sind die verwendeten Farben fröhlicher, und in die textile Gestaltung fließen Motive aus der Trachtenmode und weniger höfische Elemente ein.

Die Schnittmuster sind an handelsübliche Größen angelehnt, um den Zuschnitt zu erleichtern. Zudem findet der geneigte Halblingsliebhaber hier eine Rundreise entlang diverser Möglichkeiten zur textilen Gestaltung, mit denen gekaufte Gewandungen aufgepeppt werden können. Wem das Erstellen eines eigenen Schnittes zu umständlich und das Kaufen von fertigen Gewandungen zu viel ist, der kann sich auch an fertigen Schnittmustern der Modeindustrie bedienen. In dem Fall sollte die Auswahl aufgrund der einzelnen Schnittteile erfolgen. Die moderne Gestaltung der vorgestellten Kleidungsstücke kann dabei außer Acht gelassen werden. Aber auch moderne Fertigschnitte sollten immer erst mit billigem Stoff ausprobiert werden, denn da die Konfektionsgrößen nicht genormt sind, kann es zu größeren Abweichungen kommen.

Die abgebildeten Schnittmuster und Anleitungen sind Hilfen zur Erstellung einer individuellen Gewandung. Sie sind unter modernen Gesichtspunkten in Bezug auf Schnitt und Größe, Material und Verarbeitung dargestellt und geeignet für Näherinnen, die bereits Näherfahrungen mit Schnitten der heutigen Mode haben. Alle Angaben sind in Zentimeter, ohne Naht- und Saumzugaben. Die Maßtabellen enthalten Richtwerte und müssen individuell angepasst werden!

Mit den Möglichkeiten zur textilen Gestaltung, die in diesem Buch vorgestellt werden, ist es möglich, sich einen Überblick über gängige Verfahren zu verschaffen, damit dann aus jedem beliebigen Modeschnitt eine Halblingsgewandung gezaubert werden kann.

Viele, viele weiterführende Informationen sowie Tipps und Tricks zu den vorgestellten Handarbeiten finden sich im Internet. Es gibt Berichte, Bilder, Zeichnungen und auch kleine Videos, die dem interessierten Leser spezielles Wissen vermitteln und Anregungen geben.

Der Ursprung der Halblinge

Wann und wo der erste Halbling geboren wurde, lässt sich nicht mehr feststellen. Einige Gelehrte meinen, dass der erste Halbling zu Anbeginn der Zeiten aus einem Erdloch kroch, die Schönheit der Welt sah und sie nie wieder verlassen wollte. Andere sagen, dass die Halblinge als fantastische Idee im Kopf eines genialen Literaten zur Welt kamen und seitdem als Hobbits die Träume der Menschen bevölkern. Wieder andere meinen zu wissen, dass all das Humbug sei und der erste Halbling die Welt als Feenwesen, als Angehöriger des kleinen Volkes, als Fabelgestalt und Bestandteil der anglistischen Sagenwelt betreten habe. Die Wahrheit liegt in der Fantasie des Betrachters.

Für Live-Rollenspieler und Halblingsdarsteller sind die Werke J. R. R. Tolkiens über die Welt Mittelerde und natürlich die dazugehörigen Filme des neuseeländischen Regisseurs Sir Peter Jackson wegweisend, da in diesen Halblingscharaktere so ausgefeilt und detailverliebt dargestellt werden wie nirgends sonst.

Die Filme stellen eine Halblingsgemeinschaft als kleinbürgerliche Utopie dar. Sie ist angelehnt an die gesellschaftlichen Strukturen einer ländlichen englischen Idylle wie sie Agatha Christie für ihre Protagonistin Miss Marple erdacht hat. Im Unterschied zur Welt von Miss Marple gibt es aber in der Halblingswelt keine Morde oder andere personenbezogenen Verbrechen.

In den Beschreibungen des mittelständischen Englands um die Jahrhundertwende lassen sich viele Anregungen für die charakterliche Gestaltung eines Halblings à la Tolkien finden. Sei es der stets gepflegte Rasen, der höfliche Umgang mit den Nachbarn oder die genaue Kenntnis der Familienbande aller Freunde und Bekannten, die möglichen Parallelen zur Welt der Halblinge sind vielfältig.

Halblinge leben friedlich in ihren Häusern oder gemütlichen Wohnhöhlen mit gepflegten Vorgärten und netten Nachbarn. Sie gehen fleißig ihrem Tagewerk nach und freuen sich über wohlverdiente Pausen und mindestens sechs Mahlzeiten am Tag. Die abendliche Pfeife, im Sommer auf einer kleinen Bank vor der Hütte, im Winter im weichen Lehnsessel vor dem behaglichen Kaminfeuer genossen, gehört zu den Höhepunkten des Tages. Die stets gut gefüllte Speisekammer wird von einem Halbling mit Appetit und Stolz über sein Tagewerk betrachtet.

Dieses Idyll geht allerdings gleichzeitig mit einem gewissen Maß an Engstirnigkeit und Misstrauen gegenüber jeglichem Abweichen von der Norm einher. Der Weggang eines Halblings wird vermutlich wie kein anderes Ereignis im Auenland zu Tratsch und Klatsch führen. „Hab ich's nicht gleich gesagt?", wird man da hören, oder auch: „Letztes Jahr hat er seine Hecke erst geschnitten, als schon der Frost kam. Da hat man schon gemerkt, dass da was nicht stimmt mit dem Jungen …", vielleicht auch: „Ich hab ja nichts gegen Zwerge, aber diese Zwerge, die waren nicht von hier …"

Freund bleibt Freund, und wahre Feinde haben Halblinge nicht. Zumindest nicht, wenn man sie fragt. Sie lieben ihre Bequemlichkeit und den sparsamen Luxus in Form von ausreichend vorrätigem Pfeifenkraut. „Gut Ding will Weile haben" ist eine ihrer Lebensmaximen, Eile ist ihnen fremd.

Halblinge sind mutig, aber nicht wagemutig. Ihr Mut gleicht eher dem einer in die Enge getriebenen Ratte. Sie verteidigen ihr Hab und Gut und ihre Freunde mit einer beängstigenden Energie.

Halblinge sind nicht faul, aber stets bemüht, mit dem kleinstmöglichen Aufwand die größtmögliche Bequemlichkeit zu erreichen. Dies führt unter anderem zu einer großen Geselligkeit, da man sich gern bei anderen bedient und umgekehrt sehr freizügig ist. Denn warum sollte man einen kleinen Topf Gemüseeintopf kochen, wenn es doch auch ein großer zum Sattwerden für zehn Halblinge sein und man sich danach ungehemmt an den folgenden neun Abenden bei seinen Freunden zum Essen einfinden kann?

Die Feiern der Halblinge sind legendär in ihrer fröhlichen Sorglosigkeit, und auch an den Lagerfeuern der Menschen sind Halblinge meist gern gesehene Gäste, bringen sie doch einen Hauch der Idylle mit sich, aus der sie stammen. Manches Mal schon haben die Flöte oder der ausgelassene Gesang eines wandernden Halblings die bevorstehende Schlacht vergessen lassen und selbst hartgesottene Söldner zum Tanzen und Feiern verleitet.

Darstellung eines Halblings

Halblinge sind deutlich kleiner als Menschen, sie werden selten größer als 120 cm. Die Proportionen des Körperbaus entsprechen dabei weitgehend denen eines normalen ausgewachsenen Menschen, obwohl sie mit zunehmendem Alter einen deutlich höheren Hang zu einem Bierbauch haben. Ihre bartlosen Gesichter werden von mehr oder weniger lockigem Haar umrahmt. Ältere Halblinge pflegen voller Stolz ihre Koteletten.

Die Füße sind groß, behaart und haben lederartige Sohlen. Auf ihnen können sich die Halblinge fast lautlos vorwärtsbewegen. Neben ihrem Geschick fürs Handwerk und für feinmechanische Tätigkeiten hat ihnen das den heimlichen Ruf eingebracht, meisterhafte Diebe zu sein. Ein weiteres Erkennungsmerkmal sind die leicht spitzen Ohren, die aber meist durch die Haare verdeckt werden.

So oder so ähnlich sehen die meisten Menschen Halblinge.

Um einen Halbling darzustellen, reicht es aber nicht, in halblangen Hosen den lieben langen Tag lang dekorativ futternd und rauchend über eine Wiese zu wandern und debile Fröhlichkeit zu verströmen. Das wird nicht nur den Mitspielern schnell langweilig, auch der Darsteller wird an seinem Charakter nur kurz Freude haben.

Die sechs täglichen Mahlzeiten sollten nicht irgendwann in den armen Bauch hineingestopft, sie sollten zelebriert werden. Ein Halbling isst nicht nur gern, er genießt es auch. Dazu gehören ein schönes kleines, vielleicht sogar kariertes Tischtuch, Teller, Krug, Besteck und Mundtuch sowie einige Schüsselchen, in denen die Mahlzeiten liegen. Haltbares Fingerfood wie Mettwurst, Käse, kleine Brötchen, eingelegte Gurken, Marmelade und Kekse, aber auch Äpfel oder Möhren kann ohne aufwendige Vorbereitung bei einer spontanen Rast genossen werden. Vorzugsweise durch ungewöhnliche Zusammenstellungen, wie Käse mit Pflaumenmus, Kochwurst mit Apfelschnitzen et cetera, erregt man mit dem Essen Aufmerksamkeit und macht die Mitspieler neugierig. Außerdem hat der Halbling so eine Möglichkeit, seine Gastfreundschaft herauszustellen, indem er Freigebigkeit demonstriert und Fremde einlädt zuzugreifen.

Halblinge sind interessante und vor allem kleine Persönlichkeiten. Da einem Freizeit-Halbling leider nicht die filmischen Möglichkeiten einer optischen Verkleinerung zur Verfügung stehen, muss die mindere Größe eines Halblings anders simuliert werden. Durch eine entsprechend gestaltete Gewandung kann die visuelle Verkleinerung unterstützt werden.

Die Hosen der Männer sind ebenso wie die Röcke der Frauen maximal wadenlang und zeigen die schönen großen Füße. Der Körper wird durch die kurzen Hosen und Röcke optisch etwas gestaucht und wirkt kleiner. Quer gemusterte Stoffe oder Schnitte, die waagerechte Unterteilungen besitzen, unterstützen diesen Effekt. Jacken sollten immer über den Po gehen, Jackenärmel eher zu lang als zu kurz sein. Verschlüsse wie Knöpfe oder Schnallen sollten zu groß sein. Ein gutes Beispiel ist die Gürtelschnalle eines Leprechauns, die auf Abbildungen oft sehr groß dargestellt wird und so auf die geringe Größe des Naturgeistes hindeutet.

Das menschliche Gehirn bestimmt die Größe einer Kreatur oder eines Gegenstands auf zweidimensionalen Abbildungen, indem es diese zu etwas in Verbindung stellt, das eine fest definierte Größe hat. Deshalb werden kleine Gegenstände oft mit einem Geldstück fotografiert. Auch wenn man natürlich sieht, dass die Spieler von Halblingen eine normale Größe haben, wird das Gehirn trotzdem eine kleine Person in Erinnerung behalten, wenn der Halbling gut gespielt und mit vergleichbar großen Accessoires ausgestattet ist.

Um seine kleine Statur hervorzuheben, empfiehlt es sich, Gegenstände wie einen Kamm, einen Teller, einen Kettenanhänger oder eine Flasche größer als gewohnt anzufertigen und ihn als kürzlich erworbenes Menschenwerk vorzustellen. Ein kleines Körbchen am Arm einer Halblingsdame wirkt zwar nett und adrett. Um die Körpergröße optisch zu verringern, eignet sich jedoch ein Brennholzkorb besser. Auch ist es ein schöner Effekt, eine gewisse Anzahl an Gegenständen, z. B. süße Brötchen, in Originalgröße und einen doppelt so groß anzufertigen. Damit kann der Halbling dann auf einem Baumstamm sitzend ein riesiges Brötchen knabbern, während neben ihm sein menschlicher Freund sitzt und dasselbe Brötchen in normaler Größe in der Hand hält. Oder man kann eine eigene und eine Menschenpfeife für Freunde und Bekannte mitnehmen.

Gewandung Halblingsherr

Einfaches Hemd

Dieses schlichte Hemd sollte in keinem Halblingskleiderschrank fehlen. Es ist weit und lässig. Die Schultern sind leicht überzogen. Durch die Schrägbänder, die in ihrer Verlängerung als Bindebänder benutzt werden können, können die Weite des Halsausschnitts sowie die Weite der Ärmelbündchen individuell korrigiert werden. Die Ärmel werden bauschig angesetzt und sind weit genug, um bis unter die Achseln hochgekrempelt zu werden.

Schwierigkeitsgrad: mittel

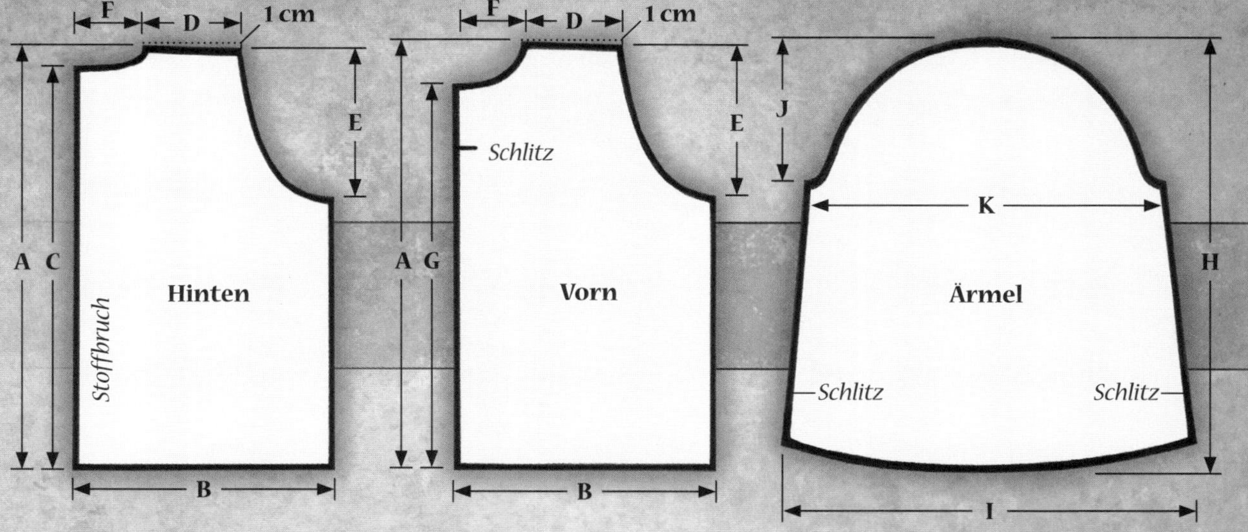

Material

- Stoff 160–190 cm x 140 cm Stoffbreite

Stoffempfehlung: weich fallende Leinen- oder Baumwollstoff.

Zuschneiden

- 2 x Vorderteil
- 1 x Rückenteil (im Stoffbruch)
- 2 x Ärmel
- 1 x Schrägband 5 cm x 100 cm
- 2 x Schrägband 5 cm x 80 cm

Zuschnitt: Schnittmuster auf den Stoff legen und mit Stecknadeln feststecken. Mit einem Kreidestift die Schnittlinien markieren. Nicht die Nahtzugaben vergessen! Schnittmusterpapier herunternehmen und den Stoff an den Kreidelinien entlang ausschneiden. Das Schrägband sollte schräg zum Fadenlauf zugeschnitten werden.

Papierschnitt: Mithilfe der Maßtabellen sollte ein individueller Schnitt erarbeitet werden. Bei der Schnittmustererstellung sollte mit Maß A begonnen werden, gefolgt von Maß B.

Nähanleitung

Die beiden Vorderteile bis zur Schlitzmarkierung zusammennähen. Die Kanten oberhalb der Schlitzmarkierung umschlagen und festnähen. Vorderteil und Rückenteil an den Seiten zusammennähen. Die Schulternähte schließen. Ausschnitt mit einem Schrägband einfassen und überstehendes Schrägband als Bindeband zusammennähen. Ärmelnähte jeweils bis zur Schlitzmarkierung schließen. Schlitzkanten umschlagen und festnähen. Ärmel am unteren Ende einkräuseln und mit dem Schrägband auf Handgelenksweite einfassen. Überstehendes Schrägband als Bindeband zusammennähen. Ärmel einsetzen und säumen. Hemd abstecken und säumen.

Variante

Um das Hemd edler zu gestalten, kann das Schrägband in einer Kontrastfarbe aus Satin oder Samt angenäht werden. Auch ein oder zwei kleine Metallknöpfe mit Stoffschlaufen anstelle der Bindebänder verändern das Aussehen sehr.

	A	B	C	D	E	F	G	H	I	J	K
S	80	39	76	13	26	8	72	65	56	22	55
M	80	41	76	13	27	9	72	67	58	23	57
L	80	43	76	13	28	10	72	69	60	24	59
XL	80	45	76	13	29	11	72	71	62	25	61

Alle Maßangaben in Zentimeter

Einfache Weste

Es ist keine Frage des guten Stils, ob ein Halblingsherr eine Weste trägt, sondern eine Frage des Anlasses. Während Gartenarbeit bevorzugt hemdsärmelig genossen wird, darf zur feierabendlichen Pfeife mit Freunden die Weste nicht fehlen. Die einfache Weste ist bequem und gut für den alltäglichen Gebrauch geeignet. Sie lässt dem Bauch des Halblingsherrn genügend Raum zur freien Entfaltung, und die seitlichen Schlitze verhindern das Kneifen an der Hüfte beim Sitzen auf der Gartenbank. Eine durchgehende Knopfleiste erleichtert das An- und Ausziehen und gibt der Weste einen Hauch von Luxus.

Damit sie nicht zu warm wird, sollte bei einer Weste für jeden Tag auf ein Futter verzichtet werden.

Schwierigkeitsgrad: mittel

Material

- Stoff 90 cm x 140 cm Stoffbreite
- 6–8 Knöpfe, Durchmesser ca. 2 cm

Stoffempfehlung: leichte Wollstoffe wie Tweed oder feste Baumwollstoffe

Zuschneiden

- 2 x Vorderteile
- 1 x Rückenteil (im Stoffbruch)

Papierschnitt: Mithilfe der Maßtabellen sollte ein individueller Schnitt erarbeitet werden. Bei der Schnittmustererstellung sollte mit Maß A begonnen werden, gefolgt von Maß B.

Zuschnitt: Schnittmuster auf den Stoff legen und mit Stecknadeln feststecken. Mit einem Kreidestift die Schnittlinien markieren. Nicht die Nahtzugaben vergessen! Schnittmusterpapier herunternehmen und den Stoff an den Kreidelinien entlang ausschneiden.

Nähanleitung

Vorderteile und Rückenteil seitlich bis zur Schlitzmarkierung und an den Schultern zusammennähen. Kanten unterhalb der Schlitzmarkierung und vordere Kanten umschlagen und festnähen. Unteren Saum und Armöffnungen abstecken, umschlagen und festnähen. Knopflöcher anbringen und Knöpfe annähen.

Variante

Wenn die Weste mit einem Gürtel getragen wird, kann auf die Knopfleiste auch verzichtet werden.

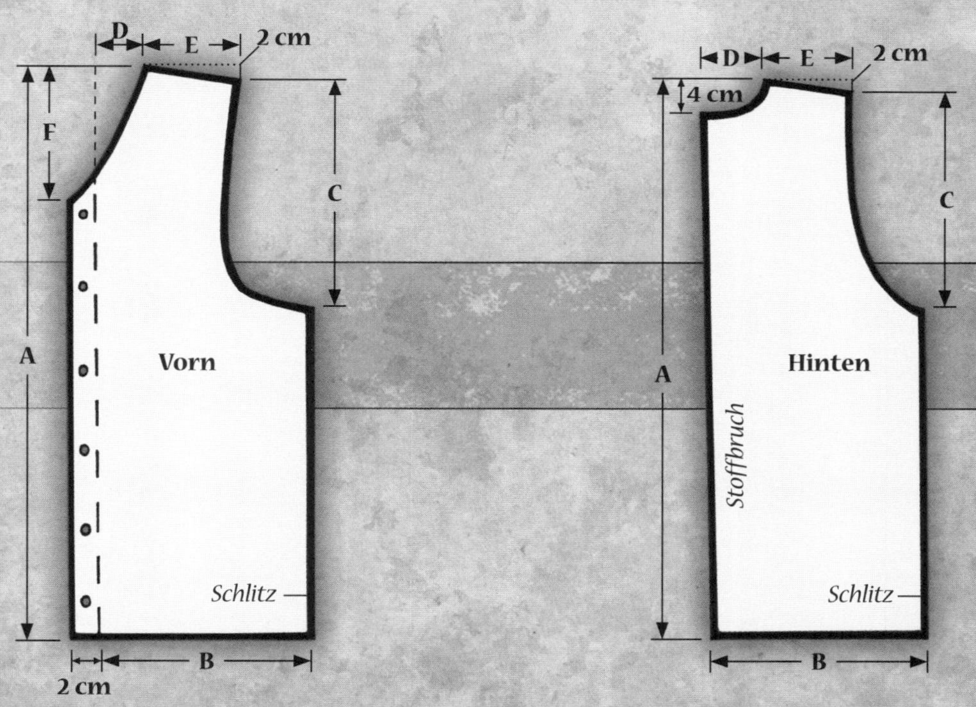

	A	B	C	D	E	F
S	80	24	28	9	12	20
M	80	26,5	29	10	12	20
L	80	29	30	11	12	20
XL	80	31,5	31	12	12	20

Alle Maßangaben in Zentimeter

Einfache Hose

Eine knöchellange Beinkleidung gehört zu den Markenzeichen eines Halblings. Sie betont seine großen, behaarten Füße und lässt den menschlichen Halblingsdarsteller kleiner wirken. Da die Hose im Schritt nur eine angedeutete Passform besitzt, muss sie für ausholende Bewegungen sehr weit gearbeitet werden. Wenn sie zu eng ist, besteht die Gefahr, dass sie im Schritt aufreißt.

Schwierigkeitsgrad: mittel

Material

- Stoff 100 cm x 140 cm Stoffbreite

Stoffempfehlung: stretchige Stoffe wie Baumwolle mit Elasthan oder weiche Stoffe.

Zuschneiden

- 4 x Hosenteil

Papierschnitt: Mithilfe der Maßtabellen sollte ein individueller Schnitt erarbeitet werden. Bei der Schnittmustererstellung sollte mit Maß A begonnen werden, gefolgt von Maß B. Achtung, Nahtzugaben je nach Art des gewünschten Bundes hinzufügen (siehe *Bund und Bündchen*, S. 71).

Zuschnitt: Schnittmuster auf den Stoff legen und mit Stecknadeln feststecken. Mit einem Kreidestift die Schnittlinien markieren. Nicht die Nahtzugaben vergessen! Schnittmusterpapier herunternehmen und den Stoff an den Kreidelinien entlang ausschneiden.

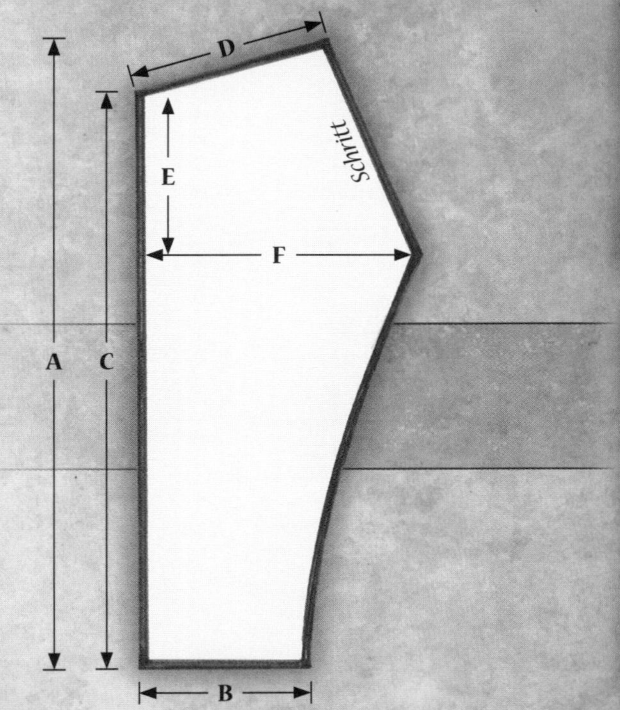

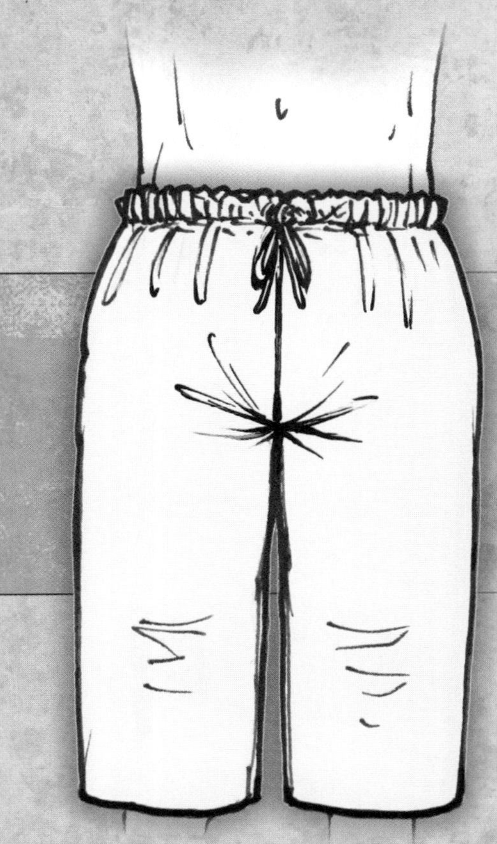

	A	B	C	D	E	F
S	93	20	88	23	33	40
M	93	22,5	88	25,5	33	42
L	93	25	88	28	33	44
XL	93	27,5	88	30,5	33	46

Alle Maßangaben in Zentimeter

Nähanleitung

Jeweils zwei Hosenteile an der langen Außenseite zusammennähen. Hosenbeine bis zum Schritt zu Röhren schließen. Jeweils die vorderen und die hinteren Schrittbereiche zusammennähen. Schrittlänge und Hosenbeine abstecken und gegebenenfalls kürzen. Bund anfertigen. Hosenbeine säumen.

Variante

Wenn die Hose ohne Bund gearbeitet und nur mit Hosenträgern gehalten wird, wirkt sie noch urtümlicher. In diesem Fall muss der obere Saum umgeschlagen und festgenäht werden. Sollte die Hose zu weit sein, kann der Saum noch in zwei oder drei Falten gelegt werden (siehe *Kräuseln und Falten*, S. 70).

Einfache Jacke

Dieser einfache Schnitt ist wie geschaffen für eine schlichte Haus- oder Wolljacke. Die Jacke ist bequem und lädt zu einem gemütlichen Abend vor einem flackernden Kaminfeuer nach einem üppigen Abendmahl ein. Hier kann sich der Halblingsmann dann ganz seiner Leidenschaft, dem Pfeifenrauchen hingeben. In den großen Taschen können bequem Rauchkraut, Pfeife und ein Kienspan verstaut werden.

Schwierigkeitsgrad: mittel

Material

- Stoff 140–170 cm x 140 cm Stoffbreite
- Stoff für Knopfleiste 80 cm x 8 cm
- 4 Knöpfe, Durchmesser ca. 4 cm
- Material für gewünschte Taschen

Stoffempfehlung: Waschwolle oder ein anderer weicher, leicht dehnbarer Wollstoff.

Zuschneiden

- 2 x Vorderteil
- 1 x Rückenteil (im Stoffbruch)
- 2 x Ärmel
- 1 x angesetzte Knopfleiste
- Taschen

Papierschnitt: Mithilfe der Maßtabellen sollte ein individueller Schnitt erarbeitet werden. Bei der Schnittmustererstellung sollte mit Maß A begonnen werden, gefolgt von Maß B.

Zuschnitt: Schnittmuster auf den Stoff legen und mit Stecknadeln feststecken. Mit einem Kreidestift die Schnittlinien markieren. Nicht die Nahtzugaben vergessen! Schnittmusterpapier herunternehmen und den Stoff an den Kreidelinien entlang ausschneiden. Knopfleiste entsprechend der vorderen Kantenlänge zuschneiden.

Nähanleitung

Die Taschen an den Vorderteilen anbringen (siehe *Taschen*, S. 68 f.). Die Vorderteile und das Rückenteil an den Seiten zusammennähen. Die Schulternähte schließen. Ärmelteile jeweils zusammennähen. Ärmel einsetzen und säumen. Knopfleiste annähen. Jacke abstecken und säumen. Knopflöcher anbringen und Knöpfe annähen.

Variante

Die einfache Jacke wird mit Leinenstoff abgefüttert. Zusätzlich kann die Jacke wunderbar mit Stickerei oder weiteren Applikationen aus andersfarbiger Waschwolle verziert werden. Dieser Schnitt kommt auch für die Anfertigung im Patchworkstil in Betracht.

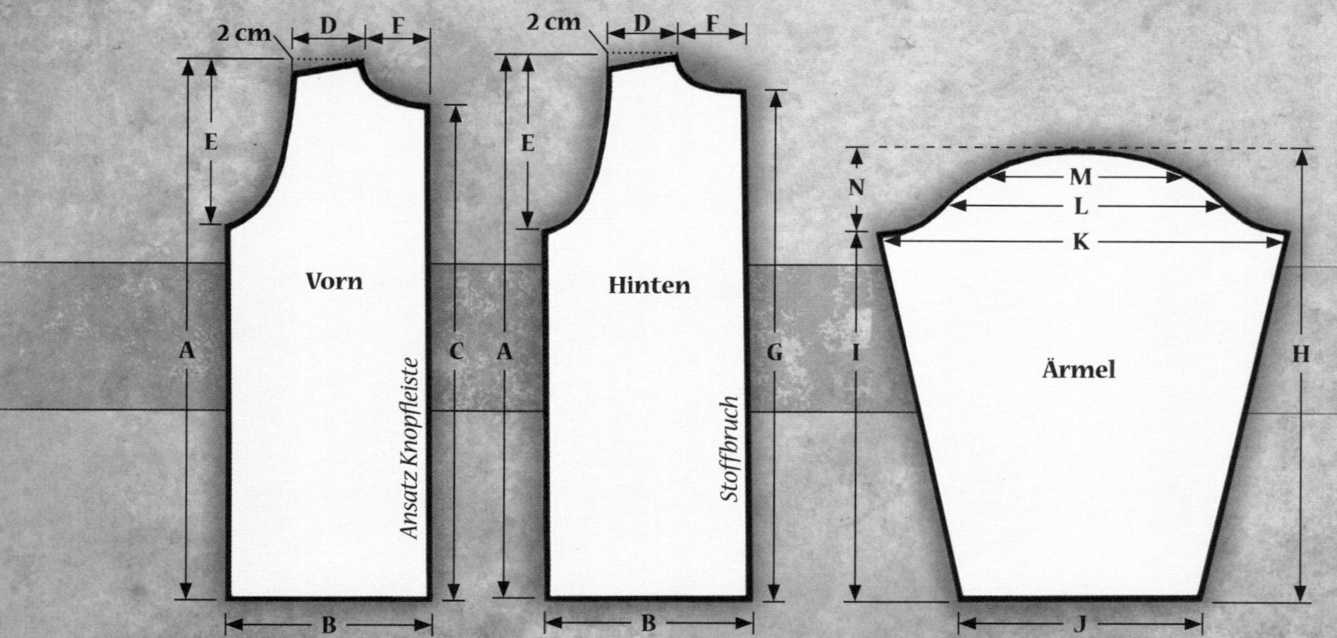

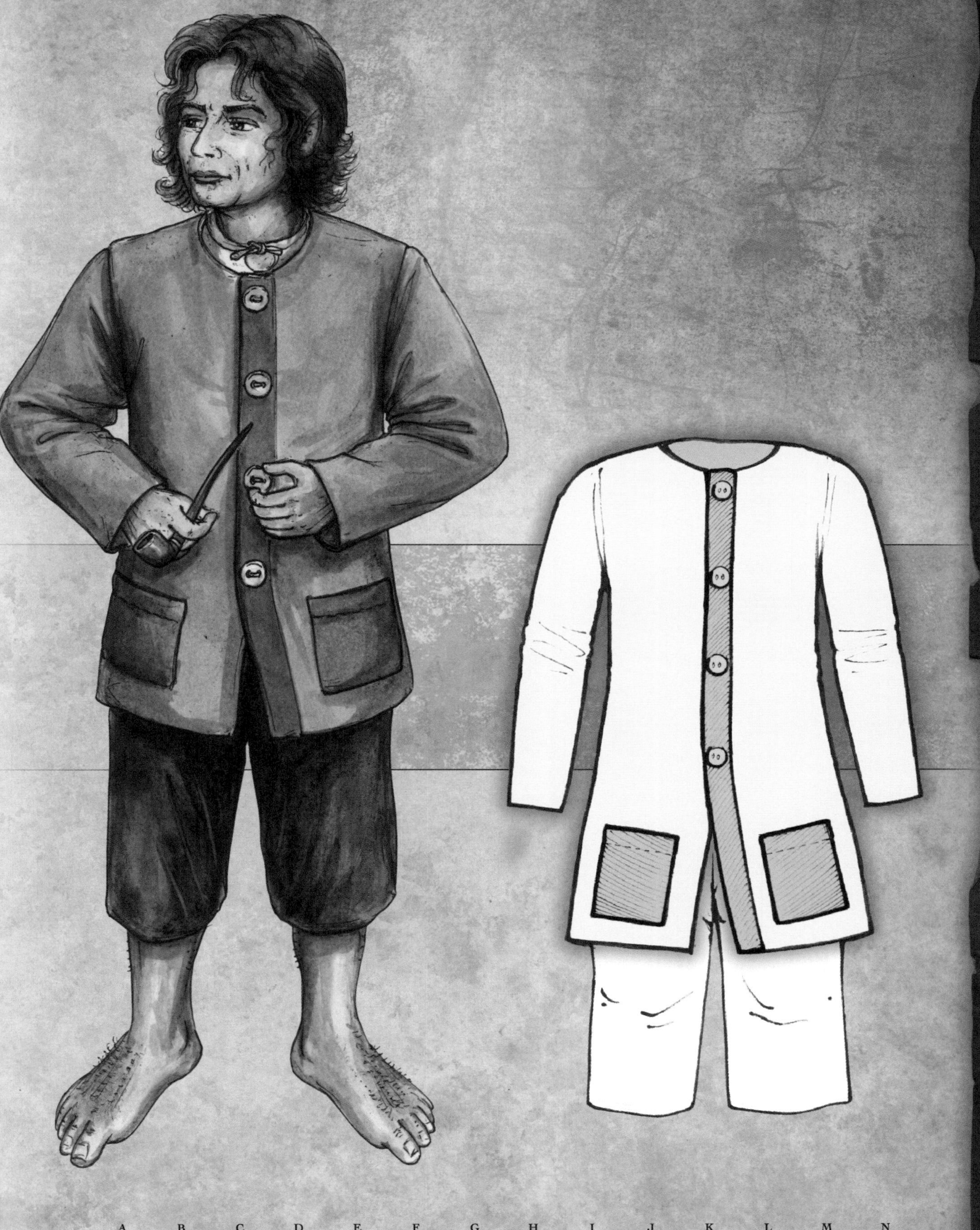

	A	B	C	D	E	F	G	H	I	J	K	L	M	N
S	90	29	80	13	27	8	85	63	50	30	47	31	20	13
M	90	31	80	13	28	9	85	64	50	32	52	33	21	14
L	90	33	80	13	29	10	85	65	50	34	57	35	22	15
XL	90	35	80	13	30	11	85	66	50	36	62	37	23	16

Alle Maßangaben in Zentimeter

Elegantes Hemd

Das elegante Hemd ist weit geschnitten und wird gern auf Festen und Feiern zu einer Weste getragen. Es besitzt vorne eine Knopfleiste und an den Ärmeln knöpfbare Bündchen. Die Schultern sind leicht überzogen. Die Ärmel sind bauschig angesetzt. Ein Kragen kann optional dazu angefertigt werden (siehe *Kragen*, S. 66 f.).

Schwierigkeitsgrad: anspruchsvoll

Material

- Stoff 160–190 cm x 140 cm Stoffbreite
- 10–12 kleine Knöpfe
  ca. 15–20 mm im Durchmesser

Stoffempfehlung: Leinen oder dünne Baumwolle

Zuschneiden

- 2 x Vorderteil
- 1 x Rückenteil (im Stoffbruch)
- 2 x Ärmel
- 2 x Bündchen 8 cm x 30 cm

Papierschnitt: Mithilfe der Maßtabellen sollte ein individueller Schnitt erarbeitet werden. Bei der Schnittmustererstellung sollte mit Maß A begonnen werden, gefolgt von Maß B.

Zuschnitt: Schnittmuster auf den Stoff legen und mit Stecknadeln feststecken. Mit einem Kreidestift die Schnittlinien markieren. Die Nahtzugaben nicht vergessen! Schnittmusterpapier herunternehmen und den Stoff an den Kreidelinien entlang ausschneiden.

Nähanleitung

Vorderteile und Rückenteil an den Seiten zusammennähen. Die Schulternähte schließen. Kragen nach Wunsch arbeiten, dafür den Ausschnitt passend zurückschneiden. Ärmelnähte jeweils bis zur Schlitzmarkierung schließen. Schlitzkanten umschlagen und festnähen. Bündchen auf die gewünschte Handgelenkweite kürzen. Ärmel am unteren Ende auf die gewünschte Weite einkräuseln und rechts auf rechts auf die Längsseite des Bündchens aufnähen. Bündchen umklappen, einschlagen und an der Innenseite des Ärmels mit einem Blindstich annähen. Knopfloch und Knopf am Ärmelbündchen anbringen. Ärmel einsetzen und säumen. Hemd abstecken und säumen.

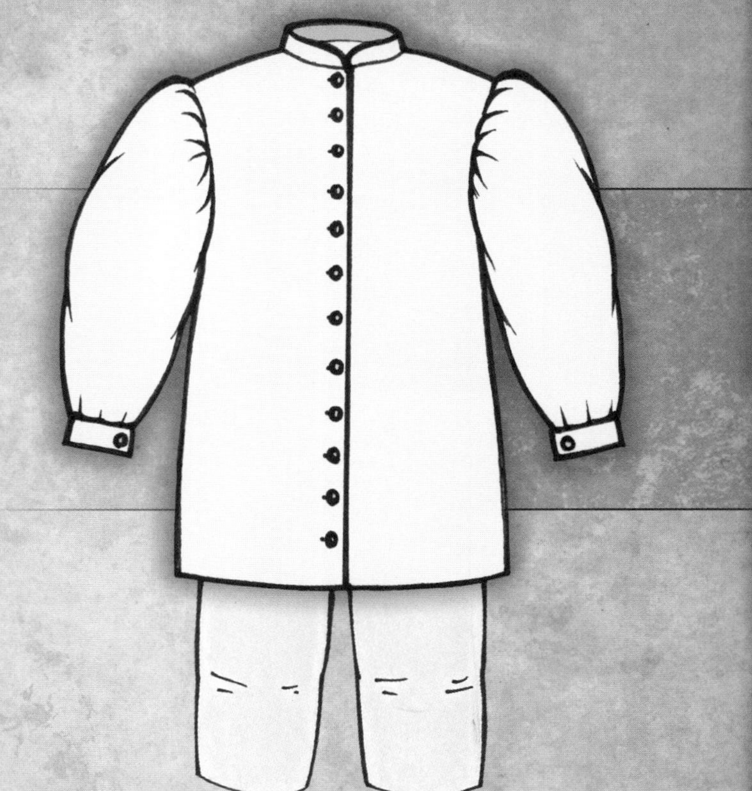

Variante

Wenn das Hemd vorwiegend ohne Weste getragen wird, lohnt sich auch die aufwendigere Anfertigung einer Knopfleiste, bei der die Knöpfe mittels Garnösen oder Stoffschlaufen geschlossen werden. Das Hemd wirkt damit altertümlicher.

	A	B	C	D	E	F	G	H	I	J	K
S	80	39	76	13	26	8	72	65	56	22	55
M	80	41	76	13	27	9	72	67	58	23	57
L	80	43	76	13	28	10	72	69	60	24	59
XL	80	45	76	13	29	11	72	71	62	25	61

Alle Maßangaben in Zentimeter

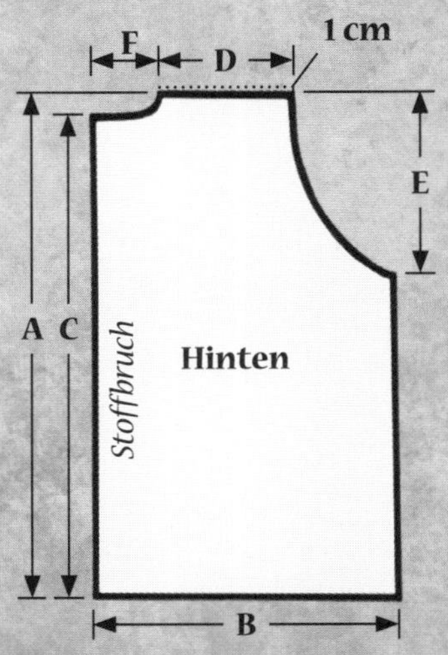

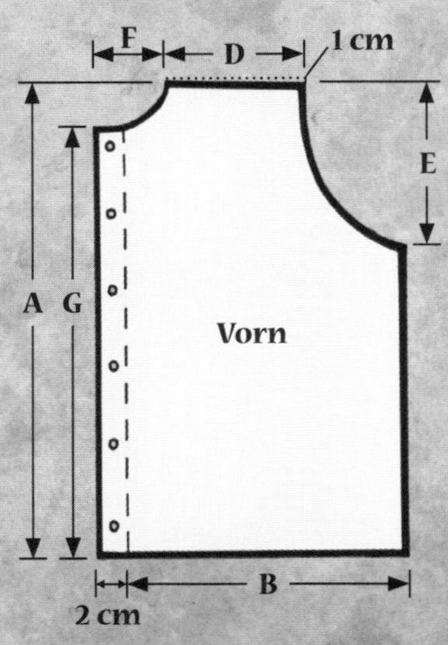

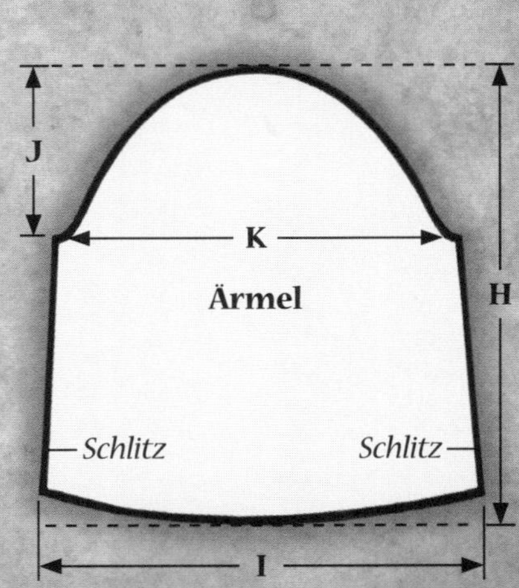

Elegante Weste

Die elegante Weste sitzt etwas enger und taillierter als die einfache Weste. Die Rückennaht ist geteilt, um ein figurbetontes Abstecken an dieser Stelle zu erleichtern. Alternativ kann auch rechts und links neben der Rückennaht ein Stoffriegel mit einer kleinen Schnalle angebracht werden, um die Weite im Rücken regulieren zu können. Die Weste in dieser Beschreibung wird mit einem Futter (siehe *Futter*, S. 72) gearbeitet. Der Futterstoff liegt bei dem hier angefertigten Schummelkragen außen.

Schwierigkeitsgrad: anspruchsvoll

Material

- Stoff 80 cm x 140 cm Stoffbreite
- Futterstoff 80 cm x 140 cm Stoffbreite
- 5–6 Knöpfe, Durchmesser ca. 2 cm

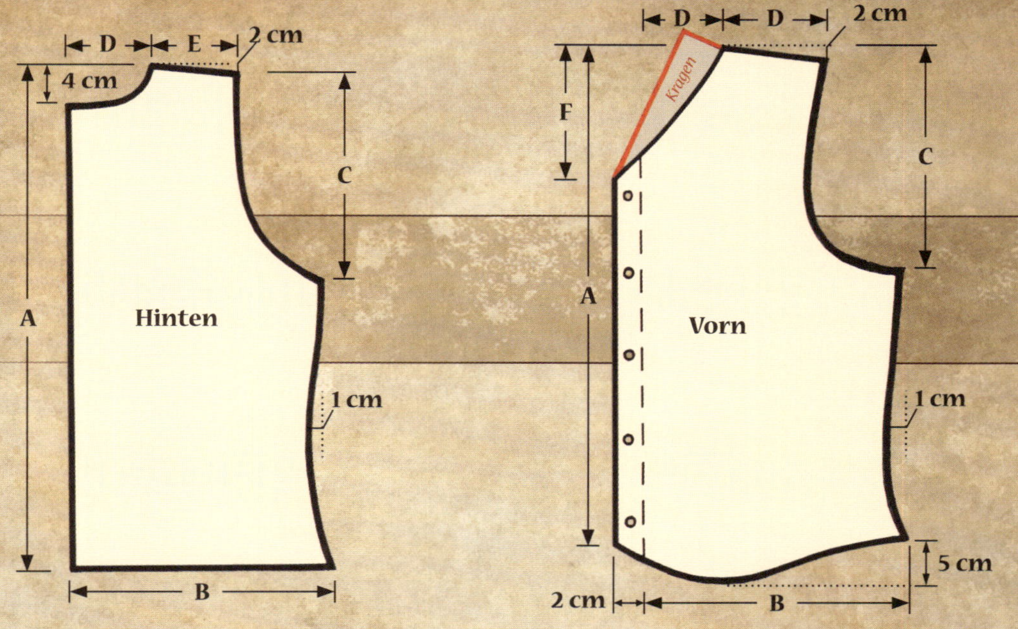

Stoffempfehlung: fester Brokat oder eventuell sogar Polsterstoff, für das Futter glatte Viskose oder handelsüblicher Futterstoff.

Zuschneiden

- 2 x Vorderteil
- 2 x Vorderteil Futterstoff
- 2 x Rückenteil
- 2 x Rückenteil Futterstoff

Papierschnitt: Mithilfe der Maßtabellen sollte ein individueller Schnitt erarbeitet werden. Für einen Schummelkragen (siehe *Kragen*, S. 67) muss die rote Markierung mit übertragen werden. Der Halsausschnitt wird dann um diesen Teil erweitert. Bei der Schnittmustererstellung sollte mit Maß A begonnen werden, gefolgt von Maß B.

Zuschnitt: Schnittmuster auf den Stoff legen und mit Stecknadeln feststecken. Mit einem Kreidestift die Schnittlinien markieren. Nicht die Nahtzugaben vergessen! Schnittmusterpapier herunternehmen und den Stoff an den Kreidelinien entlang ausschneiden.

	A	B	C	D	E	F
S	67	24	28	9	12	20
M	67	26,5	29	10	12	20
L	67	29	30	11	12	20
XL	67	31,5	31	12	12	20

Alle Maßangaben in Zentimeter

Nähanleitung

Rückenteile an der mittleren Naht schließen. Vorderteile und Rückenteil seitlich zusammennähen. Ebenso bei der Futterweste verfahren. Beide Westen rechts auf rechts aufeinanderlegen und feststecken. Die Weste zusammennähen, dabei die Schulternähte offen lassen. Weste durch die Tunnel der Schulternähte wenden. Schummelkragen einklappen und feststecken. Die Schulternähte schließen und dabei den Kragen mit einnähen. Die Kanten schmal absteppen oder gut ausbügeln. Knopflöcher anbringen und Knöpfe annähen.

Variante

Zu der Weste passt gut eine Paspeltasche (siehe *Taschen*, S. 68) für die Uhr oder ein Beutelchen Tabak.

Kniebundhose

Die Kniebundhose ist eine weite Hose, die mit Bündchen an der Taille und an den Beinabschlüssen unterhalb der Knie in Form gebracht wird. Zusätzlich wird sie durch Hosenträger gehalten. Im Vergleich mit der einfachen Hose ist die Passform komplizierter und das Schnittmuster in der Herstellung schwieriger. Besonders beliebt bei Halblingsmännern ist die Kniebundhose in Verbindung mit einem weiten Hemd und einer passenden Weste.

Schwierigkeitsgrad: anspruchsvoll

Material

- Stoff 100–140 cm x 140 cm Stoffbreite
- 2 Knöpfe, Durchmesser ca. 4 cm

Stoffempfehlung: fester Baumwollstoff oder dünner Loden

Zuschneiden

- 2 x vorderes Hosenteil
- 2 x hinteres Hosenteil
- 2 x Hosenträgerstreifen 120 cm x 10 cm
- 2 x Bundstreifen 5 cm breit, ca. 45 cm lang, Fußgröße beachten!
- optional Bund

Papierschnitt: Mithilfe der Maßtabellen sollte ein individueller Schnitt erarbeitet werden. Bei der Schnittmustererstellung sollte mit Maß A begonnen werden, gefolgt von Maß B. Achtung, Nahtzugaben je nach Art des gewünschten Bundes hinzufügen.

Zuschnitt: Schnittmuster auf den Stoff legen und mit Stecknadeln feststecken. Mit einem Kreidestift die Schnittlinien markieren. Die Nahtzugaben nicht vergessen! Schnittmusterpapier herunternehmen und den Stoff an den Kreidelinien entlang ausschneiden.

Nähanleitung

Jeweils ein rückwärtiges und ein vorderes Hosenteil rechts auf rechts an der langen Außenseite zusammennähen. Hosenbeine bis zum Schritt zu Röhren schließen. Jeweils die vorderen und die hinteren Schrittbereiche zusammennähen. Schrittlänge und Hosenbeine abstecken und gegebenenfalls kürzen. Bund anfertigen (siehe *Bund und Bündchen*, S. 71). Hosenbeine auf die gewünschte Weite einkräuseln (siehe *Kräuseln und Falten*, S. 70) und die Bündchen annähen. Die Hosenträgerstreifen jeweils rechts auf rechts zu Röhren zusammennähen und wenden. Knopflöcher anbringen, Knöpfe annähen. Hosenträger im Rücken kreuzen, auf die gewünschte Länge kürzen und an den Bund annähen.

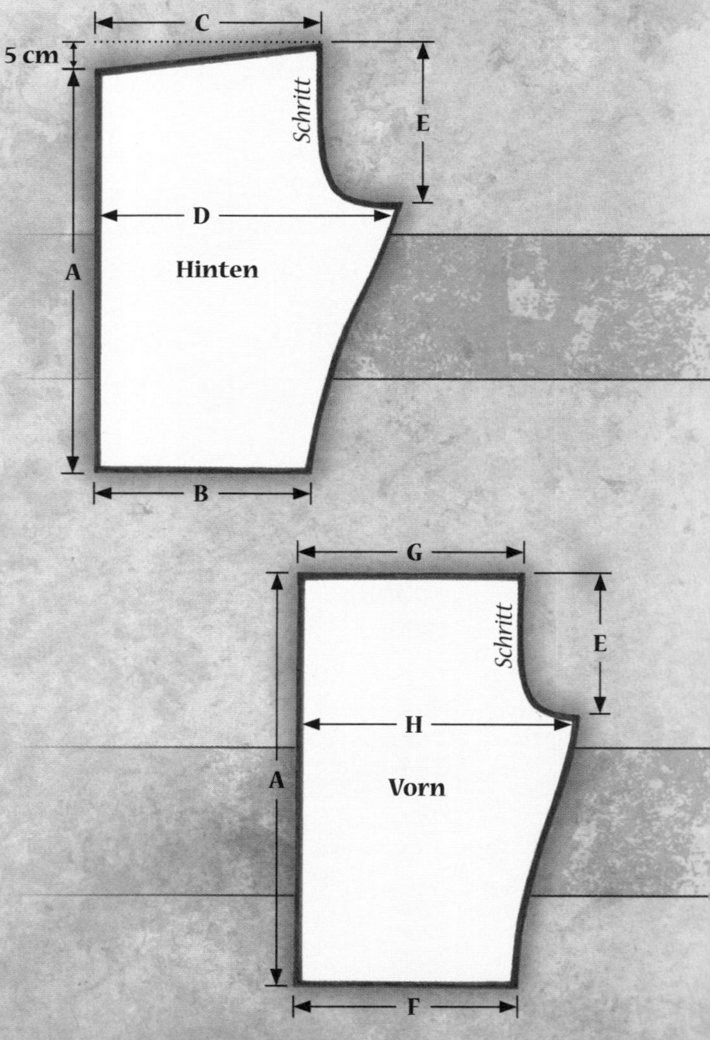

Variante

Bei Hosen empfiehlt es sich immer, seitliche Beuteltaschen einzunähen, um die Hände lässig darin verschwinden lassen zu können. Wenn die Hosenträger auch hinten mit Knöpfen befestigt werden, können sie abgenommen werden.

	A	B	C	D	E	F	G	H
S	75	29	28	44	27	24	27	34
M	75	31	30	46	28	26	29	36
L	75	33	32	48	29	28	31	38
XL	75	35	34	50	30	30	33	40

Alle Maßangaben in Zentimeter

Elegante Jacke

Die elegante Jacke lässt jeden Halblingsmann noch stattlicher erscheinen, weshalb sie gern zu jenen Gelegenheiten getragen wird, bei denen man nicht ganz „unter sich" ist. Wenn die Verwandtschaft zum Herbstfest erscheint, der Halbling die nächstgelegene Stadt aufsuchen will oder auch, um seine prächtige Erscheinung der Angebeteten zu präsentieren, wird der Herr Halbling in einem solchen Gewand erscheinen.

Die Jacke besitzt ein angesetztes Schößchen mit einer Gehfalte. Sie wird vorzugsweise mit einem Reverskragen gearbeitet. Je nach Geschmack können unterschiedliche Taschen angebracht werden.

Schwierigkeitsgrad: anspruchsvoll

Material

- Stoff 160–190 cm x 140 cm Stoffbreite
- 4 Knöpfe, Durchmesser ca. 3 cm

Stoffempfehlung: weiche Brokat-, Samt- oder Wollstoffe

Zuschneiden

- 2 x Vorderteil
- 1 x Rückenteil (im Stoffbruch)
- 2 x Ärmel
- optional Reverskragen
- optional Taschen

Papierschnitt: Mithilfe der Maßtabellen sollte ein individueller Schnitt erarbeitet werden. Der Ärmelschnitt kann nach den Angaben zur Einfachen Jacke (siehe *Einfache Jacke*, S. 14 f.) hergestellt werden. Der Reverskragen kann mithilfe der Anleitung für offener Kragen (siehe *Kragen*, S. 67) erarbeitet werden. Bei der Schnittmustererstellung sollte mit Maß A begonnen werden, gefolgt von Maß B.

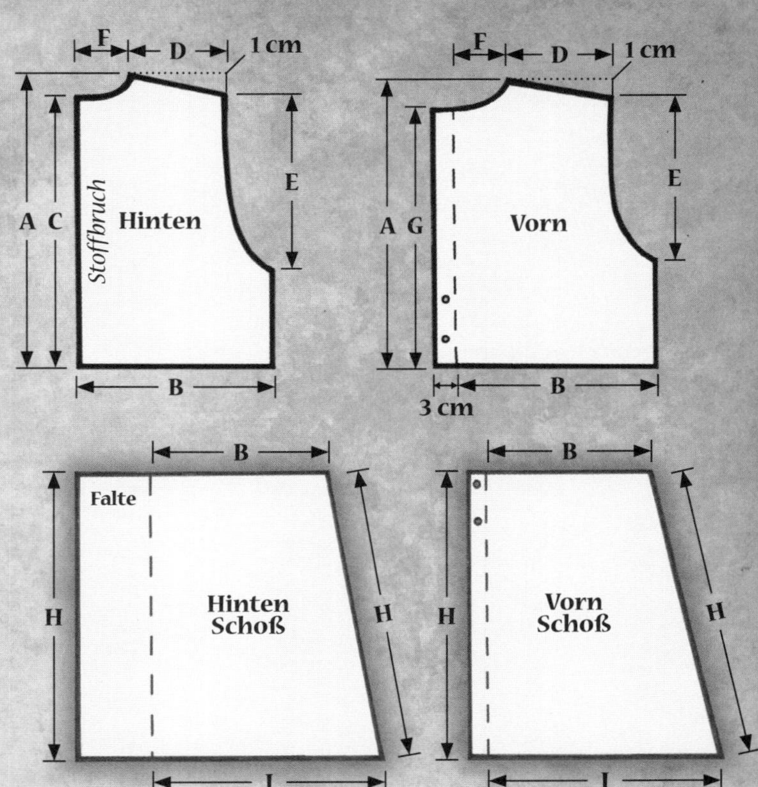

Zuschnitt: Schnittmuster auf den Stoff legen und mit Stecknadeln feststecken. Mit einem Kreidestift die Schnittlinien markieren. Die Nahtzugaben nicht vergessen! Schnittmusterpapier herunternehmen und den Stoff an den Kreidelinien entlang ausschneiden.

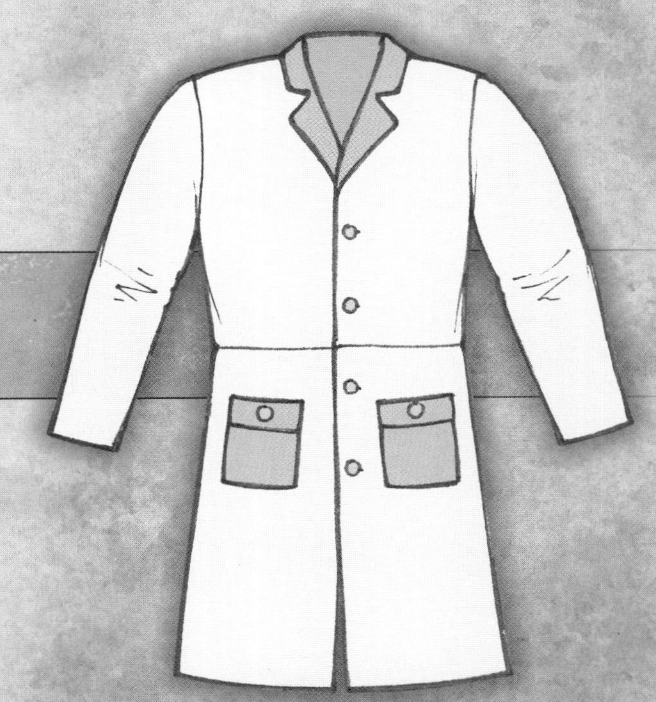

Nähanleitung

Taschen nach Wunsch an den beiden Vorderteilen anbringen. Die Vorderteile und das Rückenteil seitlich zusammennähen. Die Schulternähte schließen. Vorderes und hinteres Schößchen zusammennähen. Das Schößchen am Jackenteil feststecken und die dabei entstehende überschüssige Weite an der rückwärtigen Mitte zu einer Gehfalte (Kellerfalte) legen (siehe *Kräuseln und Falten*, S. 70). Schößchen an Jackenoberteil annähen. Reverskragen vorbereiten und annähen. Ärmelteile jeweils zusammennähen. Ärmel einsetzen und säumen. Jacke abstecken und säumen. Knopflöcher anbringen und Knöpfe annähen.

Variante

Wenn man für die Jacke verschiedene bunte Stoffe benutzt und noch mehr Taschen anbringt, wirkt sie fröhlicher und leichter. Ein abenteuerbereiter Halbling auf Wanderschaft würde so etwas vielleicht tragen.

	A	B	C	D	E	F	G	H	I
S	45	29	42	13	27	8	37	60	41
M	45	31	42	13	28	9	37	60	43
L	45	33	42	13	29	10	37	60	45
XL	45	35	42	13	30	11	37	60	47

Alle Maßangaben in Zentimeter

Nachthemd

Ein Halblingsmann ist zu jeder Zeit passend gekleidet. Tagsüber in Hemd, Hose, Weste und Jacke, nachts in ein bequemes Nachthemd. Das Nachthemd ist A-förmig geschnitten und die Ärmel sind als Trapeze konzipiert. Der Ausschnitt ist hochgeschlossen und besitzt eine kleine Knopfleiste.

Schwierigkeitsgrad: mittel

Material

- Stoff 280–320 cm x 140 cm Stoffbreite
- 3 Knöpfe, Durchmesser ca. 1,5 cm
- 3 dünne Stückchen Kordel

Stoffempfehlung: weicher Baumwollstoff

Zuschneiden

- 2 x Vorderteil
- 2 x Ausschnittblende vorn
- 1 x Rückenteil (im Stoffbruch)
- 1 x Ausschnittblende hinten (im Stoffbruch)
- 2 x Ärmel

Papierschnitt: Mithilfe der Maßtabellen sollte ein individueller Schnitt erarbeitet werden. Bei der Schnittmustererstellung sollte mit Maß A begonnen werden, gefolgt von Maß B.

Zuschnitt: Schnittmuster auf den Stoff legen und mit Stecknadeln feststecken. Mit einem Kreidestift die Schnittlinien markieren. Die Nahtzugaben nicht vergessen! Schnittmusterpapier herunternehmen und den Stoff an den Kreidelinien entlang ausschneiden.

Nähanleitung

Das linke und rechte Vorderteil mittig bis zur Schlitzmarkierung zusammennähen. Mittelnaht ausbügeln. Die Schulternähte schließen. Hintere und vordere Blende zusammennähen. Die Kordelstückchen in der gewünschten Länge je nach Knopfgröße zu Schlaufen legen und auf der linken Schlitzseite feststecken. Die rechte Seite der Blende auf der linken Seite des Nachthemds feststecken und festnähen, dabei die Kordelenden mit einfassen. Blende an den Rundungen einschneiden, nach außen umlegen und am Ausschnitt schmal absteppen. Blendenkanten umschlagen und festnähen (siehe *Farbige Besätze*, S. 80 *und Verstürzen*, S. 85). Ärmel an den Schulternähten feststecken und annähen. Ärmel seitlich jeweils zu einer Röhre zusammennähen. Seitennähte des Nachthemds schließen. Ärmel und Nachthemd abstecken und säumen. Knöpfe anbringen.

Variante

Alte Häkelspitzen sowie eine dezent gemusterte Ausschnittblende machen aus diesem Nachthemd ein Schmuckstück. Statt Knöpfen können auch zwei Kordeln als Verschluss angenäht werden.

	A	B	C	D	E	F	G	H	I
S	120	64	115	12	110	9	63	13	29
M	120	66	115	12	110	10	64	14	30
L	120	68	115	12	110	11	65	15	31
XL	120	70	115	12	110	12	66	16	32

Alle Maßangaben in Zentimeter

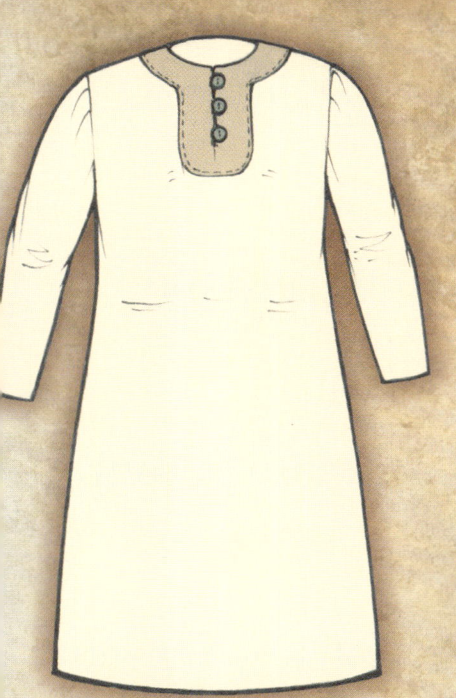

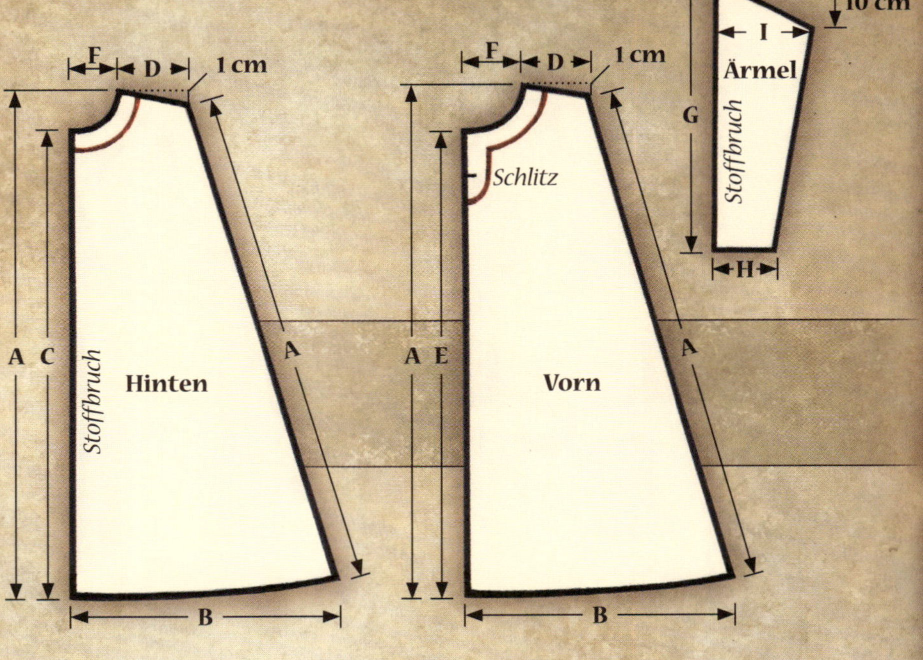

Nachtmütze

Ein Halblingsmann, der nachts in Nachthemd, Morgenmantel und mit einer Laterne unterwegs ist, tut gut daran, seine zerdrückte Lockenpracht unter einer Nachtmütze zu verbergen. Die Nachtmütze ist schnell und einfach aus einem Stoffrest, der z. B. beim Nähen des Nachthemdes übrig geblieben ist, genäht.

Schwierigkeitsgrad: einfach

Material

- Stoffrest

Stoffempfehlung: Stoffrest

Zuschneiden

- 2 x Mützenteil

Papierschnitt: Anhand der angegebenen Maße kann ein Papierschnitt erstellt werden.

Zuschnitt: Schnittmuster auf den Stoff legen und mit Stecknadeln feststecken. Mit einem Kreidestift die Schnittlinien markieren. Die Nahtzugaben nicht vergessen! Schnittmusterpapier herunternehmen und den Stoff an den Kreidelinien entlang ausschneiden.

Nähanleitung

Mützenteile an den Seitennähten zusammennähen. Weite anpassen und säumen.

Variante

Wenn an die Innenseite der Mütze mit einem Zickzackstich noch ein Gummiband angenäht wird, sitzt sie fester.

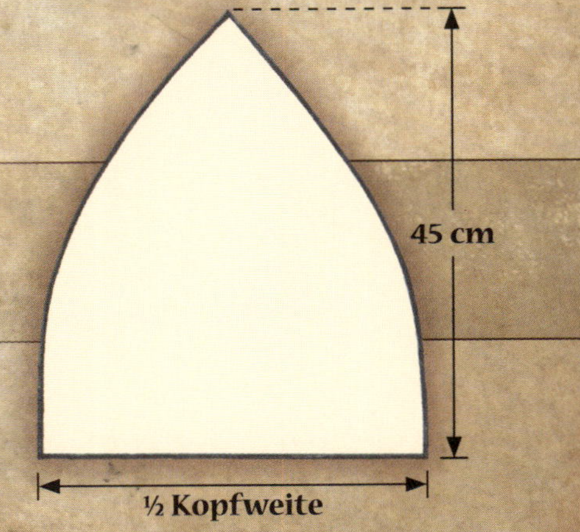

Morgenmantel

Um der Kühle eines Morgens mit etwas mehr als einem Nachthemd entgegentreten zu können, hat jeder Halblingsmann mindestens einen Morgenmantel. Man munkelt aber auch, dass der Kleiderschrank so manch eines gut situierten Halblingsmannes bis zu einem halben Dutzend verschiedene Morgenmäntel umfasst. Der Schnitt dieses Morgenmantels ist leicht zu erstellen, und sofern auf die Blende verzichtet wird, ist der Mantel auch einfach zu nähen. Große Taschen und ein Gürtel können nach Belieben hinzugefügt werden.

Schwierigkeitsgrad: mittel

Material

- Stoff 280–320 cm x 140 cm Stoffbreite

Stoffempfehlung: weicher Stoff, für die Blenden eventuell Samt

Zuschneiden

- 2 x Vorderteil
- 1 x Rückenteil (im Stoffbruch)
- 2 x Ärmel (im Stoffbruch)
- Blende hinten (im Stoffbruch)
- 2 x Blende vorn
- 2 x Blende Ärmel (im Stoffbruch)

Papierschnitt: Mithilfe der Maßtabellen sollte ein individueller Schnitt erarbeitet werden. Bei der Schnittmustererstellung sollte mit Maß A begonnen werden, gefolgt von Maß B.

Zuschnitt: Schnittmuster auf den Stoff legen und mit Stecknadeln feststecken. Mit einem Kreidestift die Schnittlinien markieren. Nicht die Nahtzugaben vergessen! Schnittmusterpapier herunternehmen und den Stoff an den Kreidelinien entlang ausschneiden.

Nähanleitung

Die Schulternähte schließen. Hintere und vordere Blende zusammennähen. Die rechte Seite der Blende auf der linken Seite des Morgenmantels feststecken und festnähen. Blende nach außen umlegen und schmal absteppen. Blendenkanten umschlagen und festnähen. Ärmel an den Schulternähten feststecken und seitlich annähen. Ärmel jeweils zu einer Röhre zusammennähen. Seitennähte des Morgenmantels schließen. Ärmelblenden zu zwei Röhren zusammennähen und rechts auf links an den Ärmeln feststecken. Ärmelblenden nach außen umlegen und schmal absteppen. Die Kanten der Ärmelblenden umschlagen und festnähen. Morgenmantel abstecken und säumen. Nach Wunsch aufgesetzte Taschen anbringen und Gürtel nähen.

Variante

Durch die rechteckige Form ist es sehr einfach, den Morgenmantel als Patchworkgewand zu nähen.

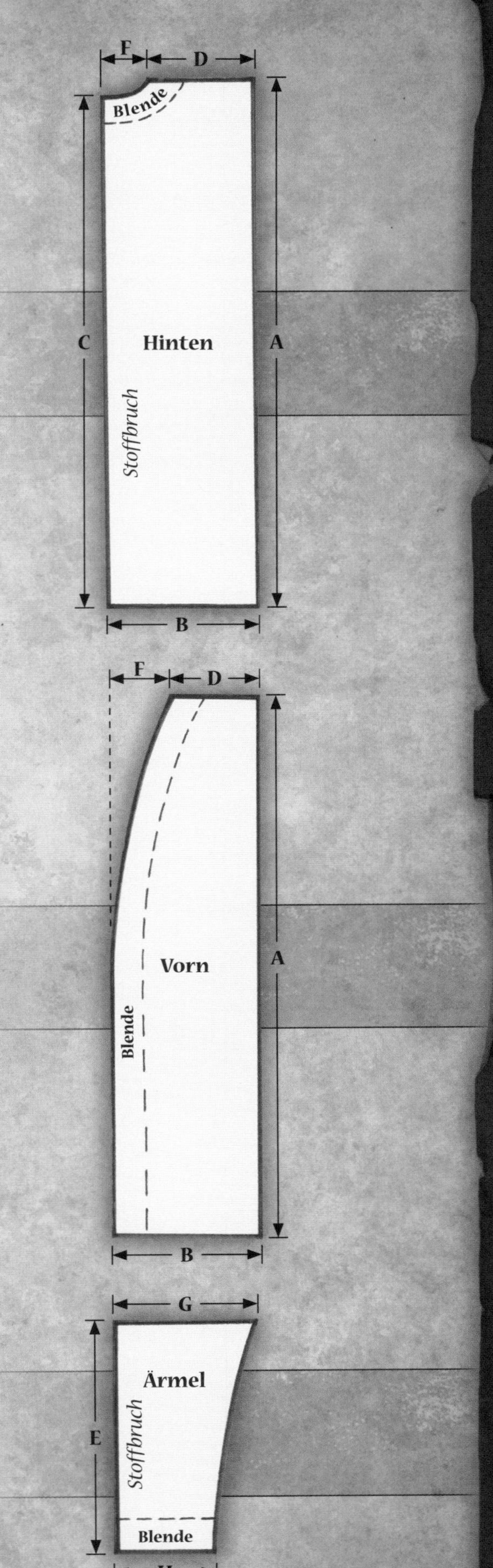

	A	B	C	D	E	F	G	H
S	115	31	100	22	53	9	29	23
M	115	33	100	23	53	10	30	24
L	115	35	100	24	53	11	31	25
XL	115	37	100	25	53	12	32	26

Alle Maßangaben in Zentimeter

Umhang

Halblinge benutzen Umhänge vorwiegend für die Reise. Ein Umhang dient nicht nur als Schutz vor Wind und Wetter, vielmehr auch als Schutz der daruntergetragenen Gewandung vor Schmutz und Nässe. Ein Umhang muss ebenso in der Nacht als Schlafdecke wärmen wie tagsüber als Picknickdecke dienen. Der hier beschriebene Umhang hat zudem noch den Vorteil, dass er gut sitzt und in der Weite leicht individuell anpassbar ist.

Schwierigkeitsgrad: mittel

Material

- diverse Stoffreste, pro Stück mindestens 100 cm lang oder breit
- Verschluss

Stoffempfehlung: Loden- oder Filzreste

Zuschneiden

- 10–15 Bahnen, je nach gewünschter Weite

Papierschnitt: Mithilfe der angegebenen Maße kann ein Schnitt erstellt werden.

Zuschnitt: Schnittmuster auf den Stoff legen und mit Stecknadeln feststecken. Mit einem Kreidestift die Schnittlinien markieren.

Die Nahtzugaben nicht vergessen! Schnittmusterpapier herunternehmen und den Stoff an den Kreidelinien entlang ausschneiden.

Nähanleitung

Umhangbahnen entweder rechts auf rechts oder überlappend an den Kanten zusammennähen. Wenn die gewünschte Weite erreicht ist, oben und unten säumen. Gewünschten Verschluss anbringen.

Variante

Nach Bedarf kann auch eine Kapuze angenäht oder eine Knopfleiste angebracht werden. Dieser Schnitt eignet sich speziell für eine Patchworkarbeit, dafür müssen die einzelnen Bahnen nur weiter unterteilt werden.

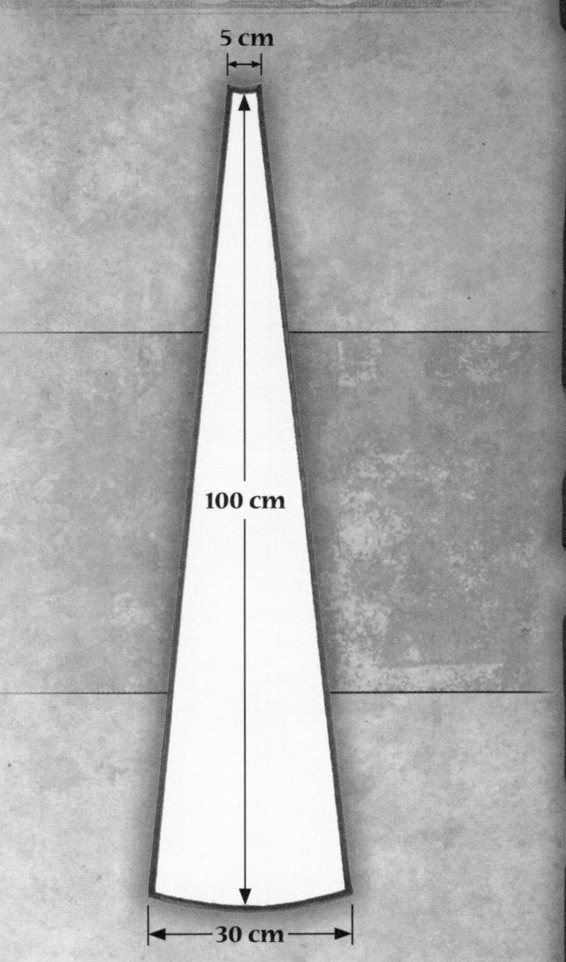

Halstuch

Tücher finden im Leben eines Halblings vielerlei Verwendung. Je nach Größe und Material dienen sie als Einstecktücher, Schnupftücher, Halstücher, Tischtücher und so weiter. Tücher sind hervorragend geeignet zur Resteverwertung und für Patchworkarbeiten.

Schwierigkeitsgrad: einfach

Material

- Stoffrest

Stoffempfehlung: Stoffreste

Zuschneiden

- 1 x Halstuch

Papierschnitt: Mithilfe der angegebenen Maße kann ein Schnitt erstellt werden.

Zuschnitt: Schnittmuster auf den Stoff legen und mit Stecknadeln feststecken. Mit einem Kreidestift die Schnittlinien markieren. Nicht die Nahtzugaben vergessen! Schnittmusterpapier herunternehmen und den Stoff an den Kreidelinien entlang ausschneiden.

Nähanleitung

Halstuch säumen.

Variante

Ein solches Halstuch kann auch gut als Mustertuch dienen, um verschiedene Sticktechniken auszuprobieren.

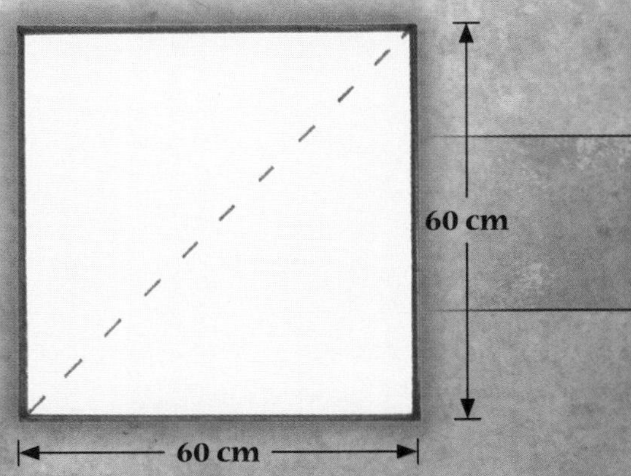

Gewandung Halblingsdame

Unterkleid

Eine passende Untergewandung ist ein Muss im Kleiderschrank einer jeden Halblingsdame. Nicht nur für die Nacht, auch in Kombination mit Mieder und Rock oder einem Kleid ist ein Unterkleid ein unverzichtbares Utensil. Das Kleid ist A-förmig geschnitten und hat bequeme Raglanärmel. Am Dekolleté kann es mittels einer Kordel freizügig geöffnet werden.

Schwierigkeitsgrad: mittel

Material

- Stoff 290–320 cm x 140 cm Stoffbreite
- 120 cm Kordel
- ca. 20 cm Gummiband, je nach Elastizität

Stoffempfehlung: dünne, leichte Stoffe wie Baumwollbatist oder bunte Leinenstoffe

Zuschneiden

- 2 x Vorderteil
- 1 x Rückenteil (im Stoffbruch)
- 2 x Ärmel

Papierschnitt: Mithilfe der Maßtabellen sollte ein individueller Schnitt erarbeitet werden. Bei der Schnittmustererstellung sollte mit Maß A begonnen werden, gefolgt von Maß B.

Zuschnitt: Schnittmuster auf den Stoff legen und mit Stecknadeln feststecken. Mit einem Kreidestift die Schnittlinien markieren. Die Nahtzugaben nicht vergessen! Schnittmusterpapier herunternehmen und den Stoff an den Kreidelinien entlang ausschneiden.

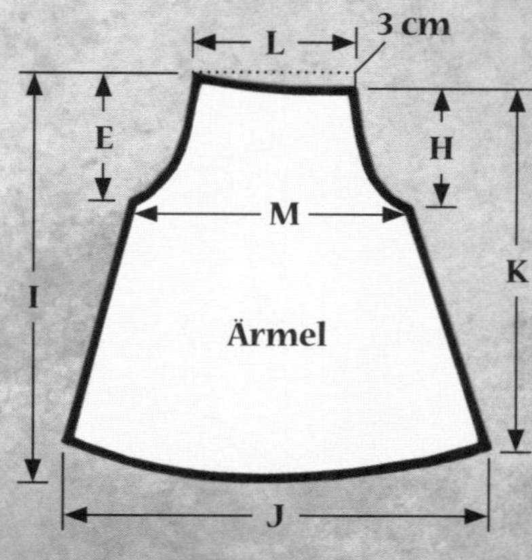

Nähanleitung

Ärmel an den Seitennähten zusammennähen. Die Mittelnaht der beiden Vorderteile bis zur Schlitzmarkierung schließen. Obere Kanten bis zum Schlitz umschlagen und festnähen. Vorder- und Rückenteil seitlich zusammennähen. Ärmel feststecken und annähen. Obere Kante des Unterkleides doppelt umschlagen und festnähen, durch den entstandenen Tunnelzug die Kordel einziehen (siehe *Bund und Bündchen*, S. 71). Ärmel unten doppelt umschlagen und den Umschlag festnähen. Dabei 2 cm der Naht offen lassen. Hier passend zurechtgeschnittene Gummibänder einziehen. Unterkleid in der Länge abstecken und säumen.

Variante

Die Gummibänder an den Ärmeln können auch durch Kordeln oder bunte Bündchen ersetzt werden.

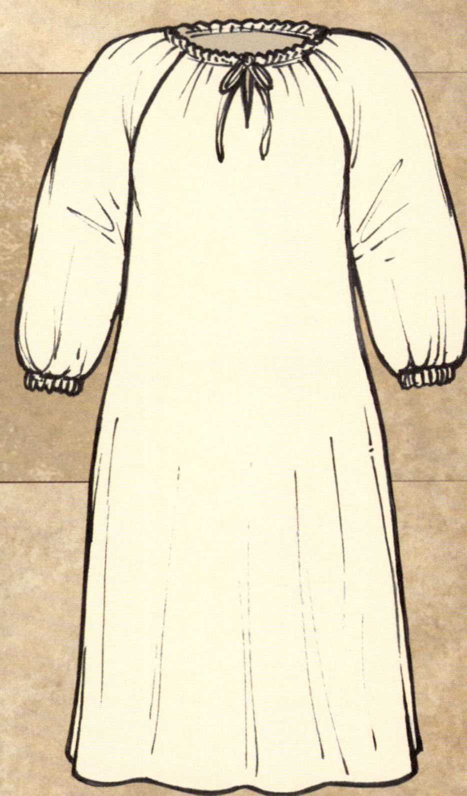

	A	B	C	D	E	F	G	H	I	J	K	L	M
S	115	58	15	89	26	17	28	23	70	63	43	31	49
M	115	60	17	88	27	19	30	24	70	65	42	33	51
L	115	62	19	87	28	21	32	25	70	67	41	35	53
XL	115	64	21	86	29	23	34	26	70	69	40	37	55

Alle Maßangaben in Zentimeter

Miederbluse

Wem ein Unterkleid zu warm ist, der kann zu einer Miederbluse als luftige Alternative greifen. Die Miederbluse besitzt kurze Raglanärmel. Da sie nur bis knapp unter die Brüste gehen sollte, trägt sie in der Taille nicht auf.

Schwierigkeitsgrad: anspruchsvoll

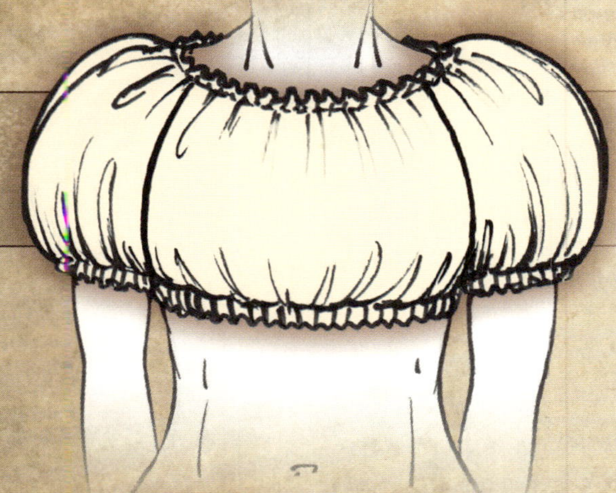

Material

- Stoff 180 cm x 140 cm
- 120 cm Kordel
- ca. 20 cm Gummiband, je nach Elastizität

Stoffempfehlung: dünnes, feines Material wie Baumwollbatist

Zuschneiden

- 2 x Vorderteil
- 1 x Rückenteil (im Stoffbruch)
- 2 x Ärmel

Papierschnitt: Mithilfe der Maßtabellen sollte ein individueller Schnitt erarbeitet werden. Bei der Schnittmustererstellung sollte mit Maß A begonnen werden, gefolgt von Maß B.

	A	B	C	D	E	F	G	H	I	J	K	L
S	32	30	15	6	26	17	28	23	40	59	14	31
M	33	32	17	6	27	19	30	24	40	61	13	33
L	34	34	19	6	28	21	32	25	40	63	12	35
XL	35	36	21	6	29	23	34	26	40	65	11	37

Alle Maßangaben in Zentimeter

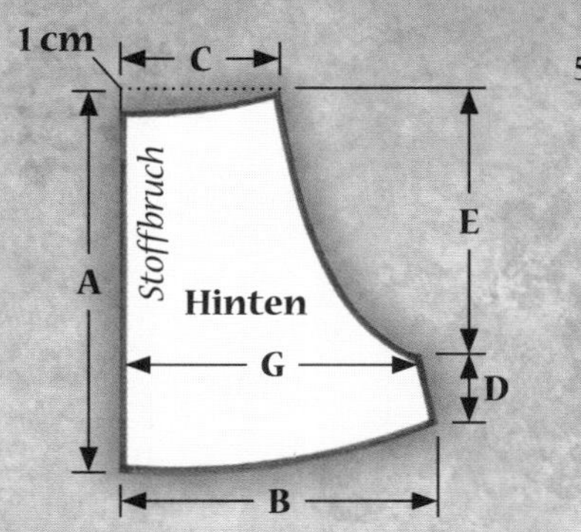

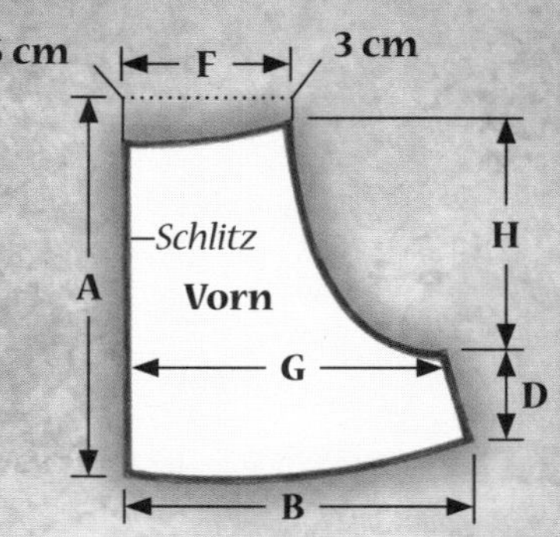

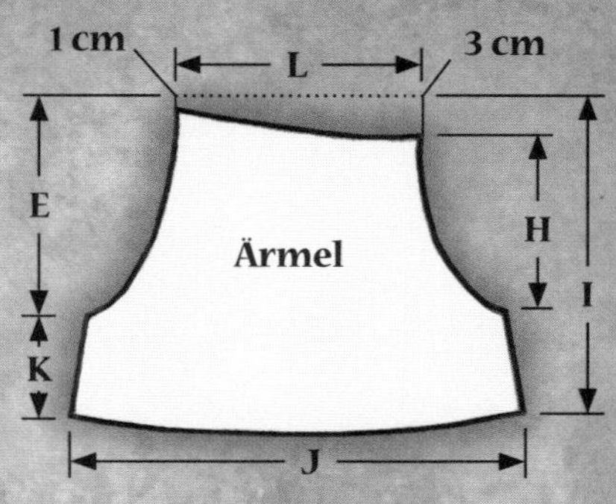

Zuschnitt: Schnittmuster auf den Stoff legen und mit Stecknadeln feststecken. Mit einem Kreidestift die Schnittlinien markieren. Die Nahtzugaben nicht vergessen! Schnittmusterpapier herunternehmen und den Stoff an den Kreidelinien entlang ausschneiden.

Nähanleitung

Ärmel an den Seitennähten zusammennähen. Die beiden Vorderteile an der Mittelnaht bis zur Schlitzmarkierung schließen. Obere Kanten bis zum Schlitz umschlagen und festnähen. Vorder- und Rückenteil seitlich zusammennähen. Ärmel feststecken und annähen. Obere Kante der Miederbluse doppelt umschlagen und festnähen, durch den entstandenen Tunnelzug die Kordel ziehen (siehe *Bund und Bündchen*, S. 71). Untere Kante des Mieders und der Ärmel doppelt umschlagen und festnähen, dabei ungefähr 2 cm der Naht offen lassen. Hier jeweils passend zurechtgeschnittenes Gummiband einziehen. Die Miederbluse sollte stramm sitzen, aber nicht drücken.

Variante

Die Gummibänder an der Miederbluse können auch durch Kordeln ersetzt werden. Der Tragekomfort und der Sitz sind aber bei der Verwendung von Gummibändern besser.

Unterrock

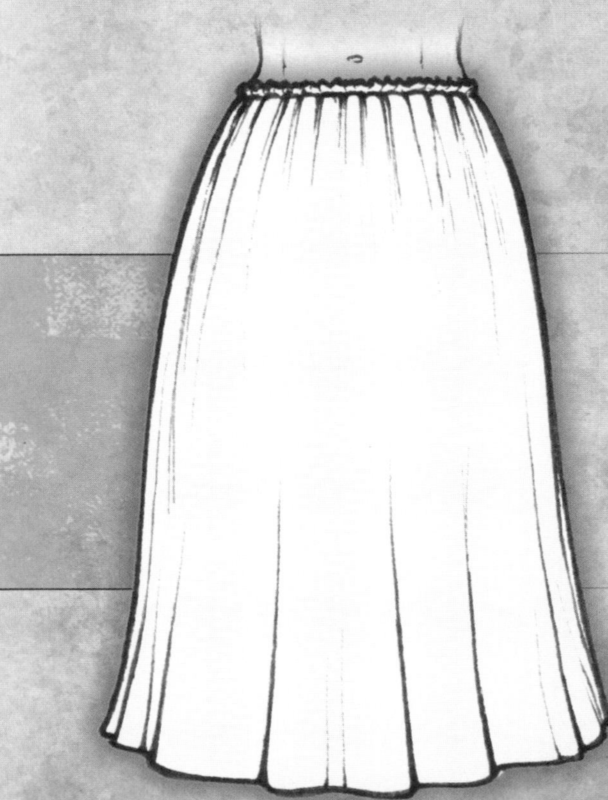

Durch das Tragen eines Unterrockes bekommt der Überrock mehr Volumen. Unebenheiten werden ausgeglichen, er wirkt insgesamt runder. Überwiegend junge Halblingsdamen tragen häufig, sehr zum Leidwesen ihrer Mütter, den Unterrock etwas länger als den Überrock, sodass er beim Tanzen darunter hervorblitzt. In diesem Fall sollte der Unterrock mit Borten oder Spitzen verziert sein, damit er auffälliger ist. Der Unterrock fällt weit und besitzt am oberen Ende einen Gummizug. Es sollte darauf geachtet werden, dass das benutzte Material glatt ist, damit der Überrock bei Bewegungen nicht daran „klebt".

Schwierigkeitsgrad: einfach

Material

- Stoff 180 cm x 140 cm

Stoffempfehlung: mercerisierte Baumwolle oder Viskose

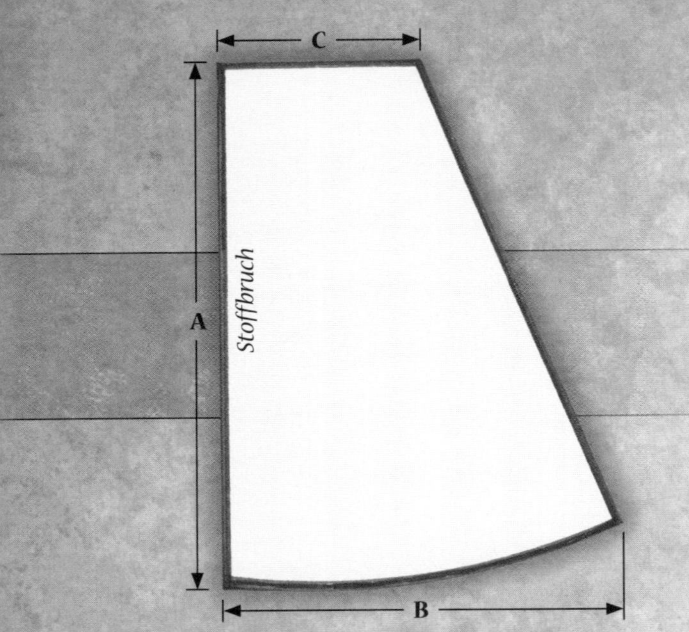

	A	B	C
S	80	65	30
M	80	65	32
L	80	65	34
XL	80	65	36

Alle Maßangaben in Zentimeter

Zuschneiden

- Vorderteil 1 x (im Stoffbruch)
- Rückenteil 1 x (im Stoffbruch)
- Gummiband

Papierschnitt: Mithilfe der Maßtabellen sollte ein individueller Schnitt erarbeitet werden. Bei der Schnittmustererstellung sollte mit Maß A begonnen werden, gefolgt von Maß B.

Zuschnitt: Schnittmuster auf den Stoff legen und mit Stecknadeln feststecken. Mit einem Kreidestift die Schnittlinien markieren. Nicht die Nahtzugaben vergessen! Schnittmusterpapier herunternehmen und den Stoff an den Kreidelinien entlang ausschneiden.

Nähanleitung

Vorder- und Rückenteil an den seitlichen Nähten zusammennähen. Den oberen Rand doppelt einschlagen und festnähen, sodass ein Tunnelzug für das Gummiband entsteht (siehe *Bund und Bündchen*, S. 71). Dabei 2 cm offen lassen, durch die das Gummiband eingezogen wird. Länge des Rockes abstecken und den Rock säumen.

Variante

Der Rocksaum kann mit bunten Borten oder Stickerei verziert werden. Wenn der Überrock etwas kürzer ist als der Unterrock, kommen diese Verzierungen schön zur Geltung.

Überrock

Der Rock ist eines der wichtigsten Kleidungsstücke der Halblingsdamen. Im Unterschied zu Kleidern kann er beliebig kombiniert werden und ist dadurch bei vielen Gelegenheiten tragbar. Dieser Rock fällt weit, sodass auch mehrere Röcke übereinander getragen werden können. In der Taille besitzt er einen Bund, der mit einem Knopf verschlossen wird.

Schwierigkeitsgrad: mittel

Material

- Stoff 190 cm x 140 cm
- Bundfix in der gewünschten Taillenweite plus 3 cm
- Knopf

Stoffempfehlung: bunte Leinen- oder Baumwollstoffe

Zuschneiden

- 1 x Vorderteil (im Stoffbruch)
- 1 x Rückenteil (im Stoffbruch)
- Stoffstreifen für Bund: Breite wie Bundfix, Länge gewünschte Taillenweite plus 3 cm
- optional Stoffrest für Blende

Papierschnitt: Mithilfe der Maßtabellen sollte ein individueller Schnitt erarbeitet werden. Bei der Schnittmustererstellung sollte mit Maß A begonnen werden, gefolgt von Maß B.

Zuschnitt: Schnittmuster auf den Stoff legen und mit Stecknadeln feststecken. Mit einem Kreidestift die Schnittlinien markieren. Die Nahtzugaben nicht vergessen! Schnittmusterpapier herunternehmen und den Stoff an den Kreidelinien entlang ausschneiden.

	A	B	C
S	85	70	40
M	85	70	42
L	85	70	44
XL	85	70	46

Alle Maßangaben in Zentimeter

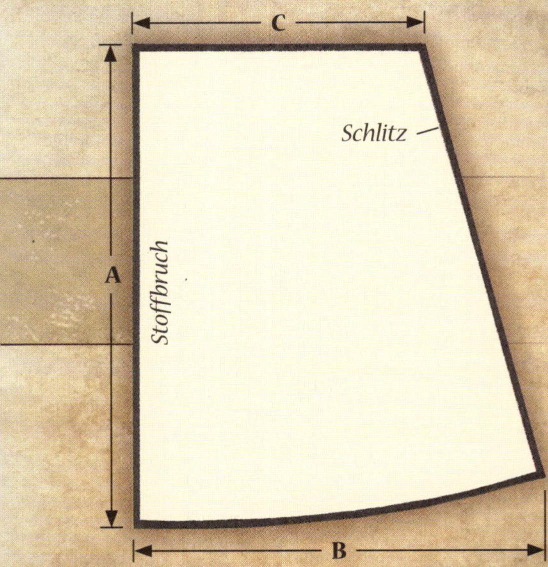

Nähanleitung

Vorder- und Rückenteil an den seitlichen Nähten zusammennähen. Dabei an einer Seite oben einen 10–15 cm langen Schlitz offen lassen. Die Kanten des Schlitzes schmal umschlagen und festnähen, optional eine Sichtblende einarbeiten (siehe *Bund und Bündchen*, S. 71). Rock am oberen Ende auf die gewünschte Taillenweite einkräuseln. Bundfix auf das Bundband aufbügeln. Dabei an einem Ende 3 cm Rand lassen. Bundband rechts auf rechts am eingekräuselten Rock festnähen. Dabei den 3 cm langen Rand am Schlitz überstehen lassen. Bundband umklappen und schmal einschlagen. Ebenso mit dem Randstück verfahren. Bund festnähen. Knopfloch nach Nähmaschinenbeschreibung auf dem Bund dicht am Schlitz einarbeiten. Knopf am Randstück festnähen.

Variante

Wenn zu dem Rock ein weiterer Überrock aus bunter Kordelspitze getragen wird, gibt das einen schönen Effekt. Wichtig ist, dass die Spitze nicht zu fein ist, es sich also nicht um „Wäschespitze" handelt.

Schürze

Eine hübsche Schürze ist schnell zu nähen und kann eine einfache Gewandung aus Rock und Bluse in hohem Maße aufwerten. Viele gute Vorbilder für dekorative Schürzen finden sich in der nord- und osteuropäischen Trachtenmode. Für eine Schürze nimmt man am besten einen nicht zu leichten Stoff mit einem schönen, schweren Fall wie z. B. Leinen, aber auch Baumwolle oder Samt sind denkbar. Wenn die Schürze nicht nur für dekorative Zwecke benutzt werden soll, sollte sie pflegeleicht und im Fall einer Küchenschürze auch kochfest sein. Die Schürze in unserem Beispiel wird mit zwei Bändern am Rücken geschlossen und besitzt eine aufgesetzte Tasche.

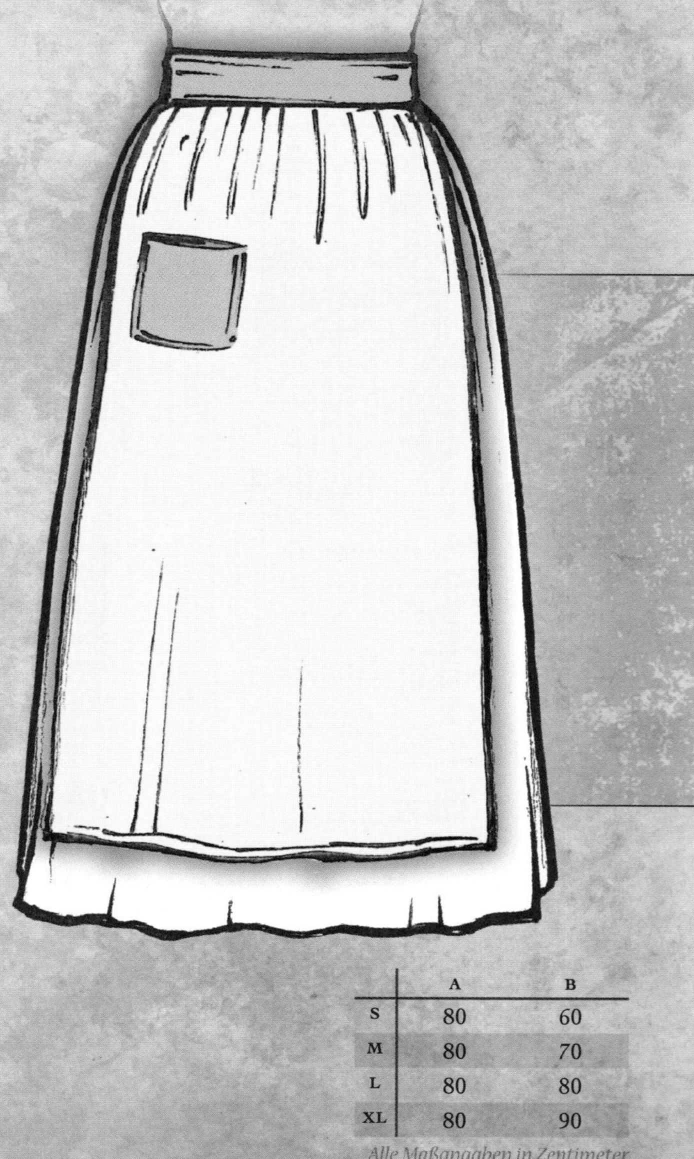

Schwierigkeitsgrad: mittel

	A	B
S	80	60
M	80	70
L	80	80
XL	80	90

Alle Maßangaben in Zentimeter

Material

- Stoff 90 cm x 80 cm
- Stoffstreifen 142 cm x 10 cm (kann nach Bedarf gekürzt werden)

Stoffempfehlung: Baumwollstoffe

Zuschneiden

- 1 x Schürze
- Stoffstreifen 8 cm x 140 cm

Papierschnitt: Mithilfe der Maßtabellen sollte ein individueller Schnitt erarbeitet werden. Bei der Schnittmustererstellung sollte mit Maß A begonnen werden, gefolgt von Maß B.

Zuschnitt: Schnittmuster auf den Stoff legen und mit Stecknadeln feststecken. Mit einem Kreidestift die Schnittlinien markieren. Die Nahtzugaben nicht vergessen! Schnittmusterpapier herunternehmen und den Stoff an den Kreidelinien entlang ausschneiden.

Nähanleitung

Die seitlichen Ränder und den unteren Rand säumen. Den oberen Rand auf die gewünschte Weite einkräuseln oder in Falten legen (siehe *Kräuseln und Falten*, S. 70). Die Mitte der Schürze und die Mitte des Bindebandes mit Stecknadeln aneinanderstecken, sodass rechts und links an der Schürze zwei Bänder herunterhängen. Das Bindeband rechts auf rechts auf die Schürze nähen. Das Band auf der gesamten Länge nach innen umklappen und die Ränder schmal einschlagen. Das Band an der Schürze festnähen und die seitlichen Bänder so zusammennähen, dass zwei Bindebänder entstehen. Eine Tasche nach Wunsch anbringen (siehe *Taschen*, S. 68 f.).

Variante

Eine exotische Variante einer Schürze erhält man, wenn man die Schürze in vier einzelne Längsstreifen schneidet und diese mit bunten Borten verziert. Damit die Streifen schön gerade herunterhängen, können sie unten mit Zierrat oder Gardinenband beschwert werden.

Mieder

Ein gutes Mieder sollte eng anliegen und Brüste und Taille betonen, ohne den Oberkörper einzuschnüren. Da Halblingsdamen in ihrem Tagesablauf recht geschäftig sind und neben einem guten Tratsch auch Dinge wie die Arbeit im Gemüsegarten oder das Zubereiten leckerer Mahlzeiten zu schätzen wissen, muss das Mieder ebenso beweglich sein, wie seine agilen Trägerinnen. Bei dem Nähen eines Mieders muss außerdem berücksichtigt werden, ob es allein oder mit einer Bluse getragen werden soll. Im zweiten Fall sollten die Armausschnitte der Weite der Blusenärmel angepasst werden. Das hier vorgestellte Mieder wird im Rücken mit einer Schnürung geschlossen und besitzt vorn ein eingesetztes Zierstück mit einer kreisrunden Öffnung.

Die vorliegenden Maße sind für ein Grundmieder geeignet, welches noch speziell für die künftige Trägerin angepasst werden muss. Es sollte unbedingt ein Probemieder aus günstigem Stoff angefertigt werden, um das Mieder besser individuell anpassen zu können.

Schwierigkeitsgrad: anspruchsvoll

Material

- Stoff 50–70 cm x 140 cm
- Material für die gewünschte Schnürung

Stoffempfehlung: Leinen- oder Baumwollstoffe, eventuell mit einer Beimischung aus Elasthan

Zuschneiden

- 2 x Vorderteil Mitte
- 2 x Rückteil Mitte
- 2 x Vorderteil Seite
- 2 x Rückteil Seite
- 1 x Einsatz vorne (im Stoffbruch)

Papierschnitt: Mithilfe der Maßtabellen sollte ein individueller Schnitt erarbeitet werden. Bei der Schnittmustererstellung sollte mit Maß A begonnen werden, gefolgt von Maß B.

Mieder vorn

	A	B	C	D	E	F	G	H	I
S	48	30	5	3	40	8	16	18,5	11
M	49	31	6	4	41	9	17	18	12
L	50	32	7	5	42	10	18	17,5	13
XL	51	33	8	6	43	11	19	17	14

Alle Maßangaben in Zentimeter

Mieder hinten

	A	B	C	D	E	F	G	H
S	33	7	40	5	15	39	19	9,5
M	34	8	41	6	16	40	20	9
L	35	9	42	7	17	41	21	8,5
XL	36	10	43	8	18	42	22	8

Alle Maßangaben in Zentimeter

Zuschnitt: Schnittmuster auf den Stoff legen und mit Stecknadeln feststecken. Mit einem Kreidestift die Schnittlinien markieren. Die Nahtzugaben nicht vergessen! Schnittmusterpapier herunternehmen und den Stoff an den Kreidelinien entlang ausschneiden. Probestück anfertigen, abstecken und Schnittmuster anpassen.

Nähanleitung

Die einzelnen Teile des Mieders zusammennähen, die hintere und die vordere mittlere Naht dabei offen lassen. Die Schulternähte zusammennähen. Den Kreis des Mittelteils vorne bis zur Nahtmarkierung einschneiden, um eine Spannung beim Umklappen zu vermeiden. Die Nahtzugabe nach innen einschlagen und festnähen. Das Mittelteil zwischen die mittleren Vorderteile nähen. Das Mieder unten schmal säumen. Ausschnitt und Armausschnitte schmal umlegen und festnähen. Auch hierbei darf nicht vergessen werden, die Rundungen bis zur Naht einzuschneiden. Das Mieder unten säumen. Im Rückteil eine Schnürung einarbeiten (siehe *Schnürungen*, S. 73 f.).

Variante

Anstelle der rückwärtigen Schnürung sehen auch zwei seitliche Schnürungen interessant aus. Damit lässt sich das Mieder noch besser der Figur anpassen. Allerdings sollte diese Schnürung mit einer untergelegten Blende gearbeitet oder das Mieder über einer Bluse getragen werden. Zusätzlichen Komfort bietet eine kleine Schnürung zwischen den Brüsten, die anstelle der runden Öffnung angefertigt werden kann. Wenn das Mieder mit einem Futter gearbeitet wird, lässt es sich bequemer tragen und wird stabiler (siehe *Futter*, S. 72)

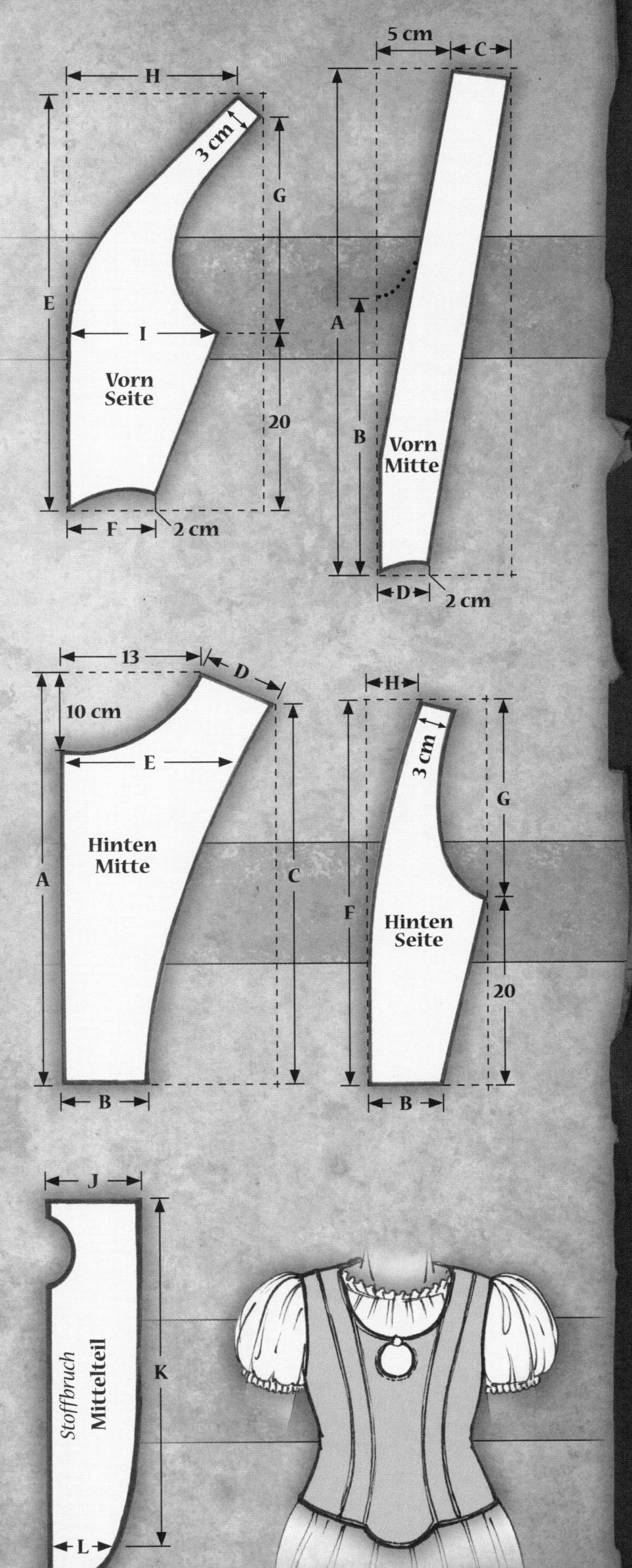

Mittelteil

	J	K	L
S	6,5	28	2,5
M	7	29	3
L	7,5	30	3,5
XL	8	31	4

Alle Maßangaben in Zentimeter

Unterbrustmieder

Ein Unterbrustmieder betont die Taille, ohne die Brüste einzuschnüren. Halblingsdamen, deren Brüste besser durch einen BH gehalten werden, oder auch jene, die junge Halblinge stillen, werden dieses Mieder lieben. Der Schnitt ist einfach und lässt sich leicht herstellen, da das Mieder keine Abnäher hat. Am besten sitzt das Mieder, wenn der Schnürung viel Raum gelassen wird, da es dann flexibler auf die Rundungen der Trägerin reagieren kann. Für dieses Mieder sollten feste Stoffe mit wenig Zug benutzt werden. Bei dünneren Stoffen gibt es die Möglichkeit, ein festes Vlies innen aufzubügeln. Das Mieder sollte bei der Anprobe eher zu eng als zu weit sein. Bei einem weiten Mieder hält die Schnürung nicht, und das Mieder rutscht herunter.

Das Mieder sollte mit einem nicht allzu rutschigen Futterstoff abgefüttert werden, weil sich dann eine Schnürung besser unterbringen lässt.

Die vorliegenden Maße sind für ein Grundmieder geeignet, welches noch speziell für die künftige Trägerin angepasst werden muss. Es sollte unbedingt ein Probemieder aus günstigem Stoff angefertigt werden, um das Mieder besser individuell anpassen zu können.

Schwierigkeitsgrad: mittel

Material

- Stoff 30 cm x 100cm
- Futterstoff 30 cm x 100 cm
- Material für die gewünschte Schnürung

Stoffempfehlung: Polsterstoffe oder feste Baumwollstoffe, für das Futter dünne Baumwoll- oder Viskosestoffe.

	A	B	C	D	E
S	24	16	20	16	15
M	24	18	20	18	17
L	24	20	20	20	19
XL	24	22	20	22	21

Alle Maßangaben in Zentimeter

Zuschneiden

- 4 x Vorder-Rückenteil aus Obermaterial
- 4 x Vorder-Rückenteil aus Futterstoff

Papierschnitt: Mithilfe der Maßtabellen sollte ein individueller Schnitt erarbeitet werden. Bei der Schnittmustererstellung sollte mit Maß A begonnen werden, gefolgt von Maß B.

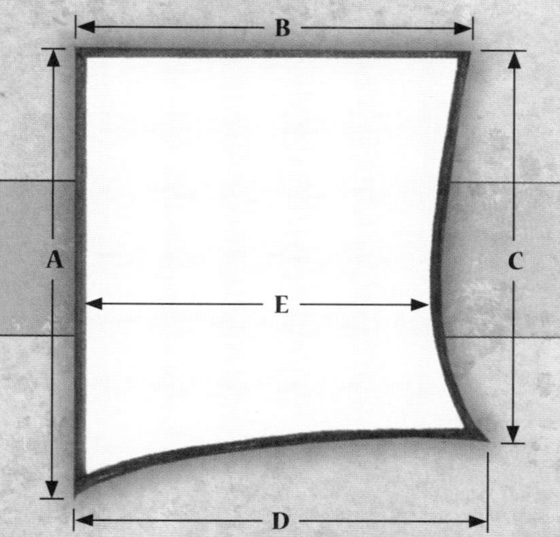

Zuschnitt: Schnittmuster auf den Stoff legen und mit Stecknadeln feststecken. Mit einem Kreidestift die Schnittlinien markieren. Die Nahtzugaben nicht vergessen! Schnittmusterpapier herunternehmen und den Stoff an den Kreidelinien entlang ausschneiden. Probestück anfertigen, abstecken und Schnittmuster anpassen.

Nähanleitung

Je ein Vorder- und ein Rückenteil seitlich zusammennähen. Jeweils ein Miederseitenteil aus dem Obermaterial mit einem Miederseitenteil aus Futterstoff an den Kanten rechts auf rechts zusammennähen. Dabei eine 5 cm lange Öffnung lassen, durch die das Mieder gewendet werden kann. Nach dem Wenden die Ränder schmal absteppen und die gewünschte vordere und rückwärtige Schnürung (siehe *Schnürungen*, S. 73 f.) anbringen.

Variante

Das Mieder kann auch nur mit einer vorderen oder rückwärtigen Schnürung gearbeitet werden. In diesem Fall muss das geschlossene Miedervorder- oder Rückenteil etwas vergrößert werden.

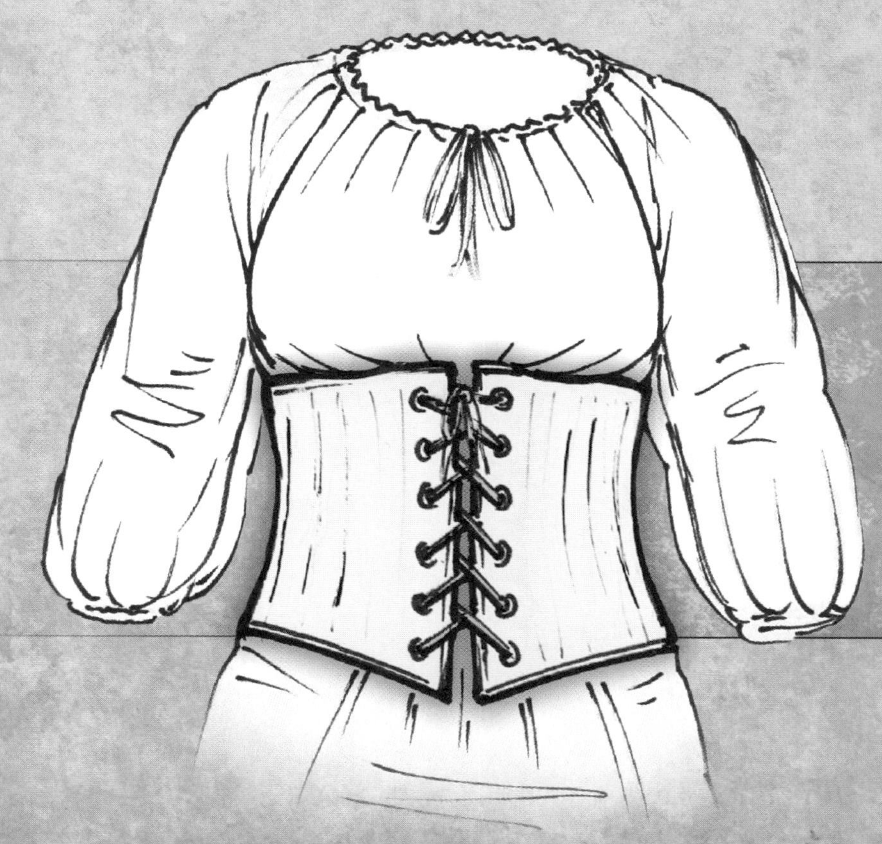

Miederkleid

Während es bei der Kombination aus Mieder und Rock immer wieder passieren kann, dass das eine oder andere Teil verrutscht, bleibt bei einem Kleid selbst bei dem flottesten Reigen alles am richtigen Platz. Wer in einer lauen Sommernacht zu den Klängen von Trommeln und Flöte mit gerafftem Rock mittanzen möchte, der ist sicherlich mit unserem Miederkleid gut bedient. Bei diesem Kleid besitzt das Mieder vorne einen bis zum Boden durchgehenden Einsatz. Das Kleid betont die Figur und ist dabei auch noch im Brust- und Bauchbereich flexibel schnürbar.

Das Mieder kann in einer bequemen Weite gearbeitet werden. Es sollte allerdings darauf geachtet werden, dass die Ösen/Schlaufen nicht aneinanderstoßen, das Kleid sieht sonst leicht labberig aus. Bei diesem Schnitt sollten Stoffschlaufen verwendet werden, da diese direkt in die Naht zwischen Mittelteil und vorderem Miederteil eingenäht werden können.

Die vorliegenden Maße sind für ein Grundmieder geeignet, welches noch speziell für die künftige Trägerin angepasst werden muss. Es sollte unbedingt ein Probemieder aus günstigem Stoff angefertigt werden, um das Mieder besser individuell anpassen zu können.

Schwierigkeitsgrad: anspruchsvoll

Material

- Stoff 250–270 cm x 140 cm
- Material für die gewünschte Schnürung

Stoffempfehlung: Leinen- oder Baumwollstoffe

Zuschneiden

- 2 x Vorderteil Mitte
- 1 x Rückenteil Mitte (im Stoffbruch)
- 2 x Vorderteil Seite
- 2 x Rückteil Seite
- 1 x Mittelteil vorn 15 cm x 140 cm
- 1 x rückwärtiger Rock (im Stoffbruch)
- 2 x vorderer Rock

Mieder vorn

	A	B	C	D	E	F	G	H	I
S	48	30	5	3	40	8	16	18,5	11
M	49	31	6	4	41	9	17	18	12
L	50	32	7	5	42	10	18	17,5	13
XL	51	33	8	6	43	11	19	17	14

Alle Maßangaben in Zentimeter

Papierschnitt: Mithilfe der Maßtabellen sollte ein individueller Schnitt erarbeitet werden. Bei der Schnittmustererstellung sollte mit Maß A begonnen werden, gefolgt von Maß B.

Zuschnitt: Schnittmuster auf den Stoff legen und mit Stecknadeln feststecken. Mit einem Kreidestift die Schnittlinien markieren. Die Nahtzugaben nicht vergessen! Schnittmusterpapier herunternehmen und den Stoff an den Kreidelinien entlang ausschneiden. Probestück anfertigen, abstecken und Schnittmuster anpassen.

Nähanleitung

Die einzelnen Teile des Mieders zusammennähen. Dabei die vordere mittlere Naht offen lassen. Die Schulternähte zusammennähen. Ausschnitt und Armausschnitte schmal umlegen und festnähen. Hierbei darf nicht vergessen werden, die Rundungen bis zur Naht einzuschneiden, um eine Spannung beim Umklappen zu vermeiden. Das Mittelteil oben schmal einschlagen und umnähen. Die Rockteile an den Seiten zusammennähen. Den oberen Rand auf die untere Saumweite des Mieders einkräuseln oder in Falten legen. Rock an das Mieder annähen. Das Mittelteil an die offenen vorderen mittleren Nähte des Mieders auf Höhe der Markierung annähen. Im Vorderteil eine Schnürung einarbeiten (siehe *Schnürungen*, S. 73 f.). Bei der Verwendung von Metallösen muss vorne eine Falte abgenäht werden, in der die Ösen dann befestigt werden können. Den Rock auf die gewünschte Länge abstecken und säumen.

Variante

An dieses Kleid können auch gleich weite Ärmel angenäht werden. Bei der Herstellung eines Schnittes für Ärmel kann man sich an dem Schnitt für das Einfache Hemd (siehe *Einfaches Hemd*, S. 8 f.) orientieren.

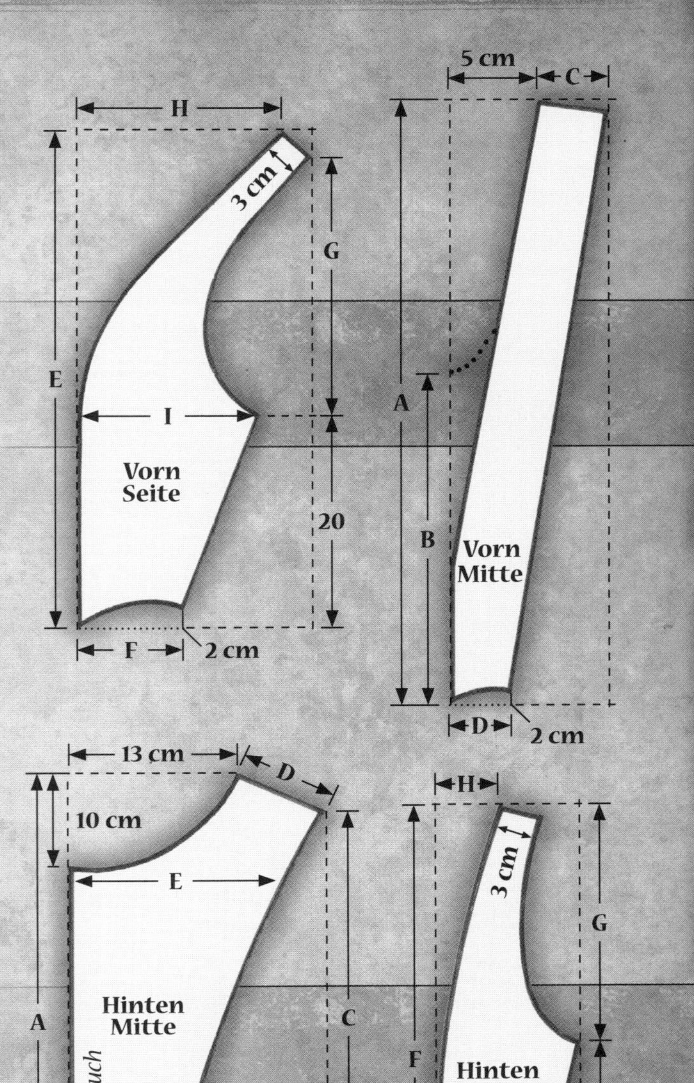

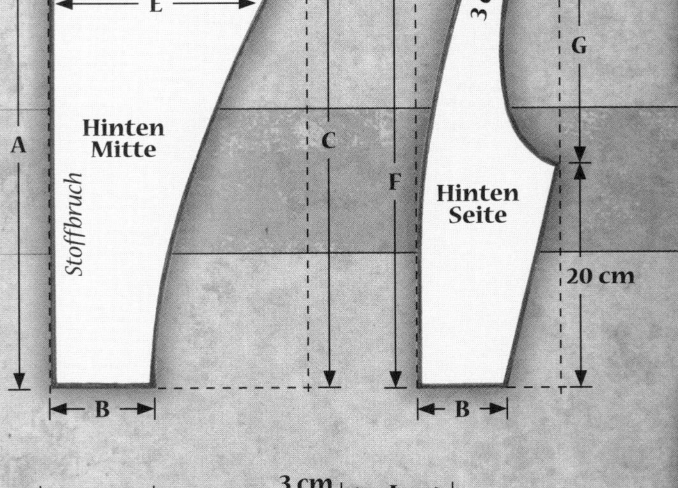

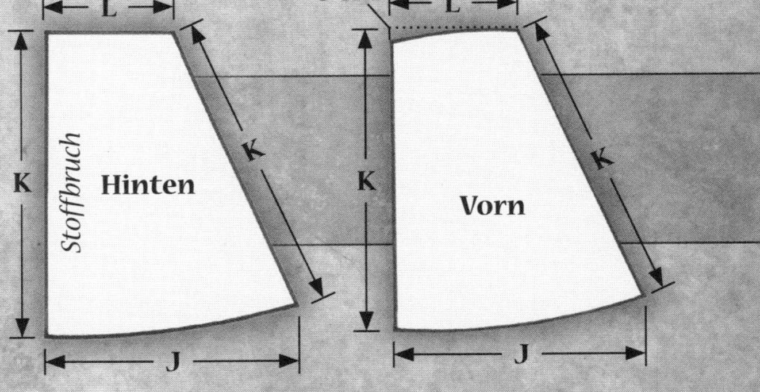

Mieder hinten

	A	B	C	D	E	F	G	H
S	33	7	40	5	15	39	19	9,5
M	34	8	41	6	16	40	20	9
L	35	9	42	7	17	41	21	8,5
XL	36	10	43	8	18	42	22	8

Alle Maßangaben in Zentimeter

Rock

	J	K	L
S	85	70	40
M	85	70	42
L	85	70	44
XL	85	70	46

Alle Maßangaben in Zentimeter

Trägerkleid

Das Trägerkleid wird vorwiegend von älteren, korpulenteren Halblingsdamen getragen. Das Trägerkleid besteht aus einem Vorder- und einem Rückenteil, an die der Rock angenäht ist. Das Kleid wird seitlich mit zwei Knöpfen geschlossen. Die verwendeten Knöpfe sollten groß und interessant sein, da sie bei diesem Kleid ein Blickfang sind. Durch ein Versetzen der Knöpfe kann das Kleid schnell Veränderungen des Bauchumfangs angepasst werden.

Schwierigkeitsgrad: mittel

Material

- Stoff 240–270 cm x 140 cm
- 2 Knöpfe mit ca. 4 cm Durchmesser

Stoffempfehlung: alle Stoffe mit ein wenig Stand, das heißt mit einer leichten bis mittleren Festigkeit in Richtung des Fadenlaufes

Zuschneiden

- 1 x Vorderteil (im Stoffbruch)
- 1 x Rückenteil (im Stoffbruch)
- 2 x Rockteil (im Stoffbruch)
- 1 x Bund vorn
- 1 x Bund hinten

Papierschnitt: Mithilfe der Maßtabellen sollte ein individueller Schnitt erarbeitet werden. Bei der Schnittmustererstellung sollte mit Maß A begonnen werden, gefolgt von Maß B.

Zuschnitt: Schnittmuster auf den Stoff legen und mit Stecknadeln feststecken. Mit einem Kreidestift die Schnittlinien markieren. Die Nahtzugaben nicht vergessen! Schnittmusterpapier herunternehmen und den Stoff an den Kreidelinien entlang ausschneiden.

Nähanleitung

Die Schulternähte des Vorder- und des Rückenteils zusammennähen. Die Seiten und den Ausschnitt umschlagen und festnähen. Wird der Ausschnitt weder mit einer Blende noch mit einem Futter gearbeitet, müssen die Ecken vor dem Umschlagen eingeschnitten werden. Nun den vorderen und den hinteren Rock zusammennähen. Dabei die Naht bis zur Schlitzmarkierung offen lassen. Die Kanten oberhalb der Schlitzmarkierung umschlagen und festnähen. Den Rock oben auf die Weite des vorderen Bundes einkräuseln und rechts auf rechts am vorderen und hinteren Bund feststecken und annähen. Dabei steht der hintere Bund über. Oberteil mittig rechts auf rechts am vorderen und hinteren Bund feststecken. Überprüfen, ob die Länge des Oberteils passt. Optimal ist es meist, wenn der Bund auf Höhe der Taille sitzt. Bund und Oberteil zusammennähen. Überstehende Bundteile umschlagen und festnähen. Knopflöcher am vorderen Bund anbringen, Knöpfe am hinteren Bund annähen.

Rock auf die gewünschte Länge kürzen und säumen.

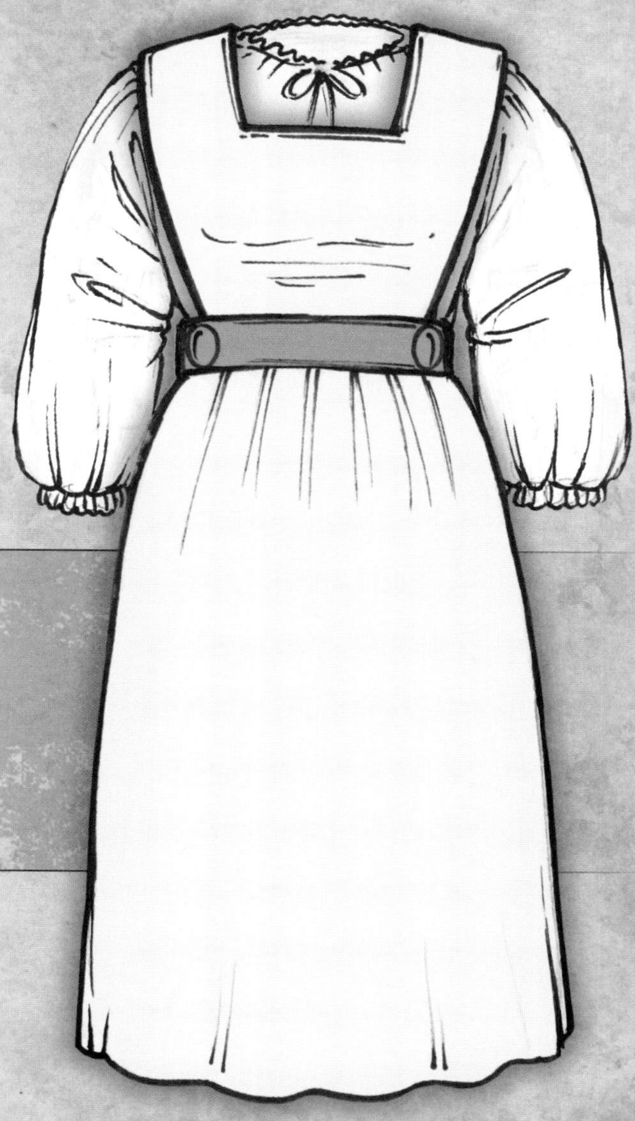

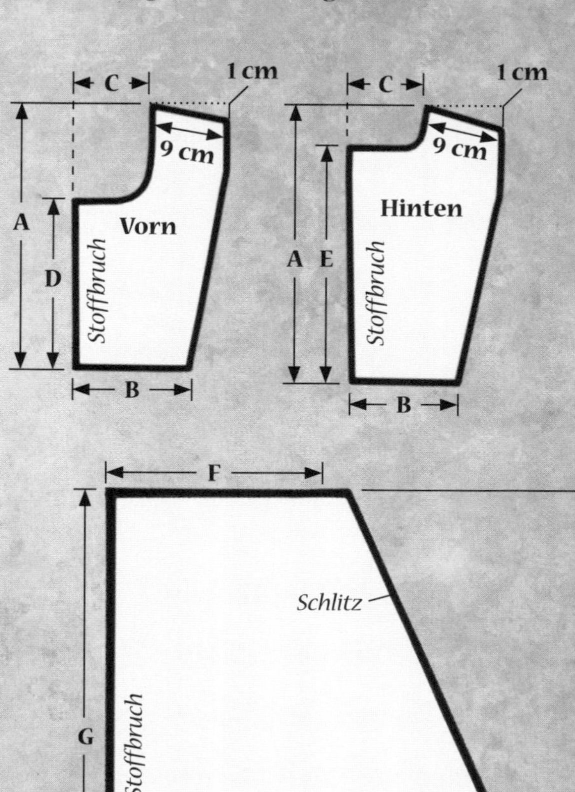

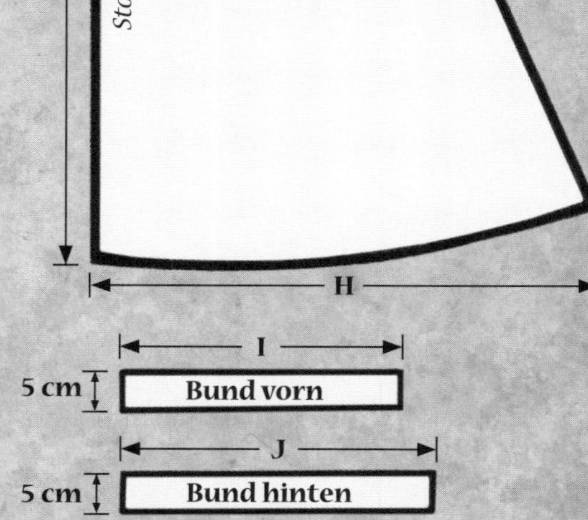

	A	B	C	D	E	F	G	H	I	J
S	35	11	10	25	30	40	85	70	32	38
M	36	13	11	25	30	42	85	70	36	44
L	37	15	12	25	30	44	85	70	40	48
XL	38	17	13	25	30	46	85	70	44	52

Alle Maßangaben in Zentimeter

Morgenmantel

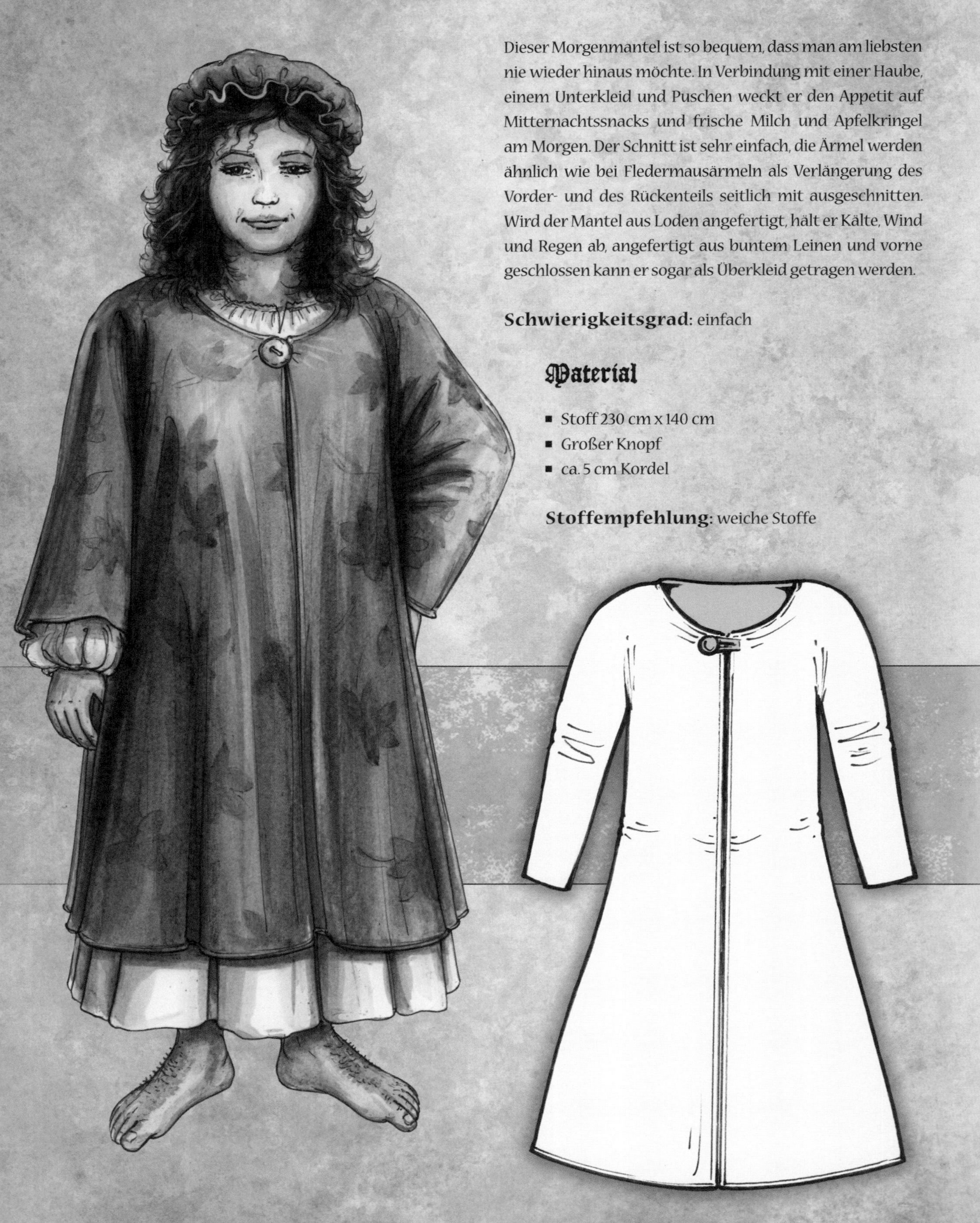

Dieser Morgenmantel ist so bequem, dass man am liebsten nie wieder hinaus möchte. In Verbindung mit einer Haube, einem Unterkleid und Puschen weckt er den Appetit auf Mitternachtssnacks und frische Milch und Apfelkringel am Morgen. Der Schnitt ist sehr einfach, die Ärmel werden ähnlich wie bei Fledermausärmeln als Verlängerung des Vorder- und des Rückenteils seitlich mit ausgeschnitten. Wird der Mantel aus Loden angefertigt, hält er Kälte, Wind und Regen ab, angefertigt aus buntem Leinen und vorne geschlossen kann er sogar als Überkleid getragen werden.

Schwierigkeitsgrad: einfach

Material

- Stoff 230 cm x 140 cm
- Großer Knopf
- ca. 5 cm Kordel

Stoffempfehlung: weiche Stoffe

Zuschneiden

- 2 x Vorderteil
- 1 x Rückteil (im Stoffbruch)

Papierschnitt: Mithilfe der Maßtabellen sollte ein individueller Schnitt erarbeitet werden. Bei der Schnittmustererstellung sollte mit Maß A begonnen werden, gefolgt von Maß B.

Zuschnitt: Schnittmuster auf den Stoff legen und mit Stecknadeln feststecken. Mit einem Kreidestift die Schnittlinien markieren. Die Nahtzugaben nicht vergessen! Schnittmusterpapier herunternehmen und den Stoff an den Kreidelinien entlang ausschneiden.

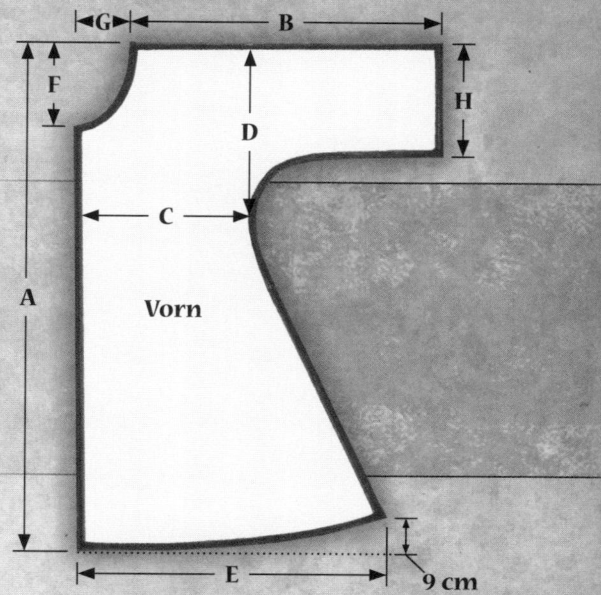

Nähanleitung

Rückenteil mit den Vorderteilen an den Schulternähten und oberen Armnähten zusammennähen. Seitliche Nähte schließen. Ärmel säumen. Ausschnitt schmal umlegen und säumen oder mit einer Blende arbeiten. Bei festen Stoffen muss die Rundung vor dem Umschlagen eingeschnitten werden. Vordere Öffnung und unteren Saum säumen. Kordel zur Schlaufe legen und passend zur Knopfgröße kürzen. Schlaufe oben am Ausschnitt annähen. Knopf annähen.

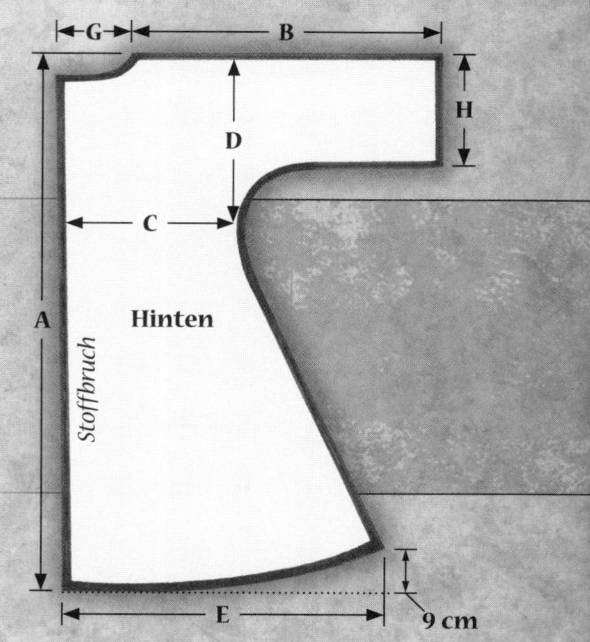

Variante

Der Morgenmantel kann mit nach außen gelegten, andersfarbigen Blenden verziert werden. Besonders interessant sieht der Morgenmantel aus, wenn er in Patchwork- oder Quilttechnik gearbeitet wird.

	A	B	C	D	E	F	G	H
S	110	70	25	42	55	19	10	20
M	110	70	28	42	60	19	11	22
L	110	70	31	42	65	19	12	24
XL	110	70	34	42	70	19	13	26

Alle Maßangaben in Zentimeter

Haube

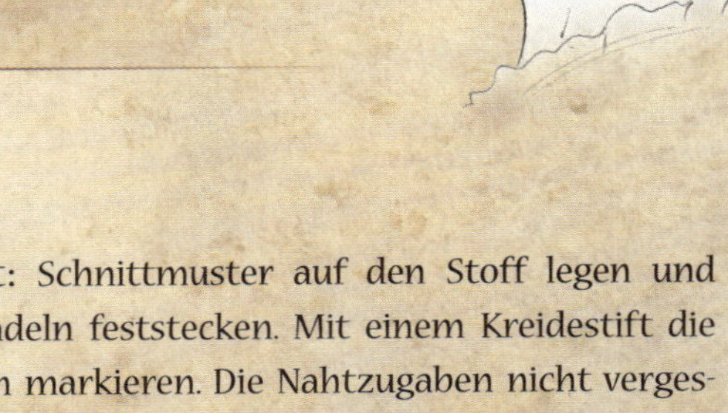

Die Haube einer Halblingsdame hat sowohl praktische als auch modische Aspekte. Die gerüschte Form betont Löckchen und vor allem die Ohren. Haarteile lassen sich unter einer Haube leichter verbergen und auch künstliche Spitzohren können an dieser zusätzlich fixiert werden. Die Haube besteht aus einem kreisrunden Stück Stoff, dessen Kanten mit einem Gummiband gerafft werden. Sie kann mit Borten, Spitzen, Stickereien oder Applikationen verziert werden.

Schwierigkeitsgrad: einfach

Material

- Stoff 55 cm x 55 cm
- Gummiband, ca. 40 cm, je nach gewünschter Weite der Haube

Stoffempfehlung: Stoffreste

Zuschneiden

- 1 x Kreis

Papierschnitt: Mithilfe der angegebenen Maße kann ein Papierschnitt erstellt werden.

Zuschnitt: Schnittmuster auf den Stoff legen und mit Stecknadeln feststecken. Mit einem Kreidestift die Schnittlinien markieren. Die Nahtzugaben nicht vergessen! Schnittmusterpapier herunternehmen und den Stoff an den Kreidelinien entlang ausschneiden.

Nähanleitung

Den Rand schmal säumen. Im Abstand von 5 cm zum Rand wird der Kreis markiert. Das Gummiband auf dem Kreis feststecken, dabei die Mehrweite verteilen. Nun das Gummiband stramm ziehen und auf dem Stoff festnähen.

Variante

Anstatt das Gummiband aufzunähen, kann auch im Abstand von 5 cm zur Naht eine Falte genommen und abgenäht werden. Durch den entstandenen Tunnelzug kann dann das Gummiband gezogen werden. Der Radius des Kreises muss um die Faltenbreite erweitert werden. Besonders hübsch sieht die Haube aus, wenn sie mit einem andersfarbigen Stoff gefüttert wird. In diesem Fall kann zwischen den beiden Stofflagen ein Tunnelzug für das Gummiband eingearbeitet werden.

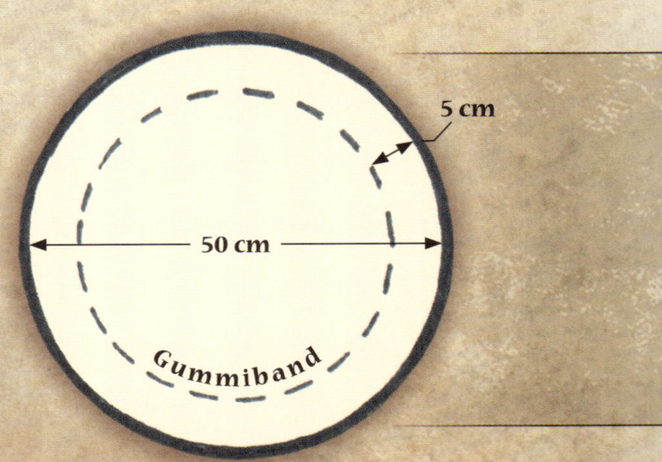

Schultertuch

Das Schultertuch ist eine bequeme Alternative zum Umhang. Es lässt sich auf diverse Arten tragen und ist praktisch bei Tätigkeiten, die freie Hände erfordern. Wenn es aus einem wasserabweisenden Stoff gearbeitet wird, kann es als Sitzunterlage auf nassen Wiesen oder feuchten Holzbänken dienen. Und wenn es aus einem schnell waschbaren Material gefertigt ist, kann es als Picknickdecke, Bettüberwurf oder Tischdecke eine Verwendung finden. Kein Wunder, dass immer mehr Halblingsdamen Geschmack an der schlichten Form finden.

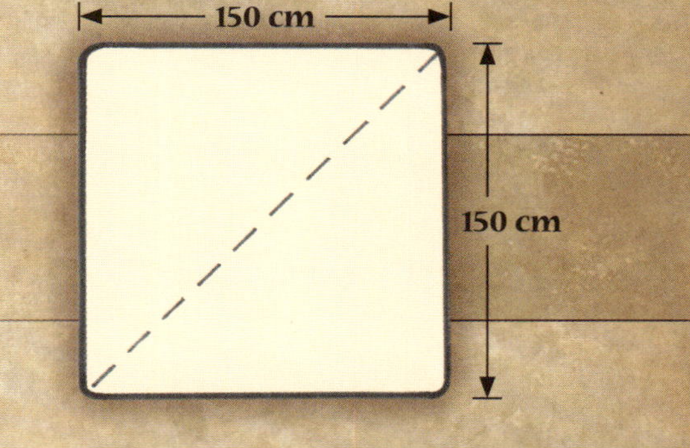

Schwierigkeitsgrad: einfach

Material

- Stoff ca. 155 cm x 155 cm

Stoffempfehlung: Wollstoff

Papierschnitt: Mithilfe der angegebenen Maße kann ein Schnitt erstellt werden.

Zuschneiden

Schnittmuster auf den Stoff legen und mit Stecknadeln feststecken. Mit einem Kreidestift die Schnittlinien markieren. Die Nahtzugaben nicht vergessen! Schnittmusterpapier herunternehmen und den Stoff an den Kreidelinien entlang ausschneiden.

Nähanleitung

Die Ränder säumen. Das Schultertuch an der diagonalen Linie falten und die gefaltete Seite über die Schultern legen. Verschluss an der gewünschten Stelle anbringen.

Variante

Mit Applikationen in den Spitzen und einer umlaufenden Stickerei wird das Schultertuch zu einem echten Hingucker.

Umhang

Papierschnitt: Anhand der angegebenen Maße kann ein Papierschnitt erstellt werden.

Zuschnitt: Schnittmuster auf den doppelt gelegten Stoff legen und mit Stecknadeln feststecken. Mit einem Kreidestift die Schnittlinien markieren. Die Nahtzugaben nicht vergessen! Schnittmusterpapier herunternehmen und den Stoff an den Kreidelinien entlang ausschneiden.

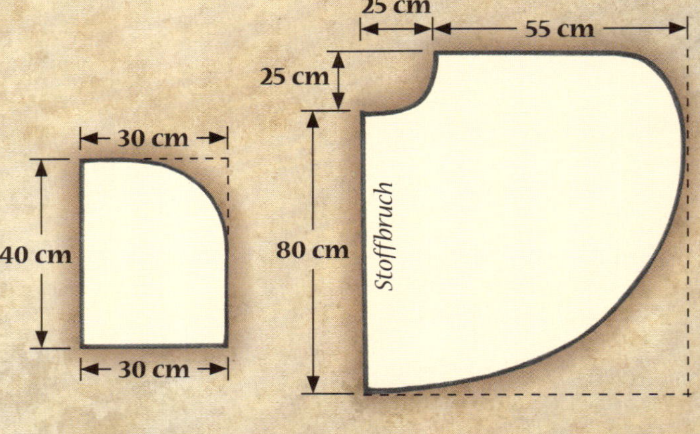

Dieser Umhang schützt vor Regen und Kälte, ohne dabei den Blick auf die reizenden haarigen Füße zu nehmen. Im Gegenteil, durch seine Kürze betont er den Stolz jeder Halblingsdame. In den Schultern sehr breite Damen sollten den Halsausschnitt vergrößern und die Kapuze entsprechend anpassen.

Schwierigkeitsgrad: einfach

Material

- Stoff 150 cm x 170 cm
- Knopf

Stoffempfehlung: wind- und wasserabweisende Stoffe wie Loden

Zuschneiden

- 1 x Umhang (im Stoffbruch)
- 2 x Kapuze
- Stoffstreifen 5 cm x 14 cm

Nähanleitung

Den äußeren Rand des Umhangs schmal säumen. Rückwärtige Kapuzennaht schließen. Vorderen Kapuzenrand säumen. Halsausschnitt auf die untere Saumweite der Kapuze einkräuseln. Kapuze an Halsausschnitt anstecken und festnähen. Stoffstreifen doppelt gefaltet abnähen und zu einer Schlaufe formen. Schlaufe auf eine zu der Breite des Knopfes passenden Länge abschneiden. Schlaufe und Knopf an den Umhang annähen.

Variante

Die Kapuze des Umhangs sollte mit einem farblich passenden Stoff abgefüttert werden, das gibt einen schönen Kontrast und wirkt stimmiger. Durch das Verändern der Kapuzenform, z. B. in eine spitze oder zipfelige Kapuze, gewinnt der Umhang an Individualität.

Accessoires

Erntetasche

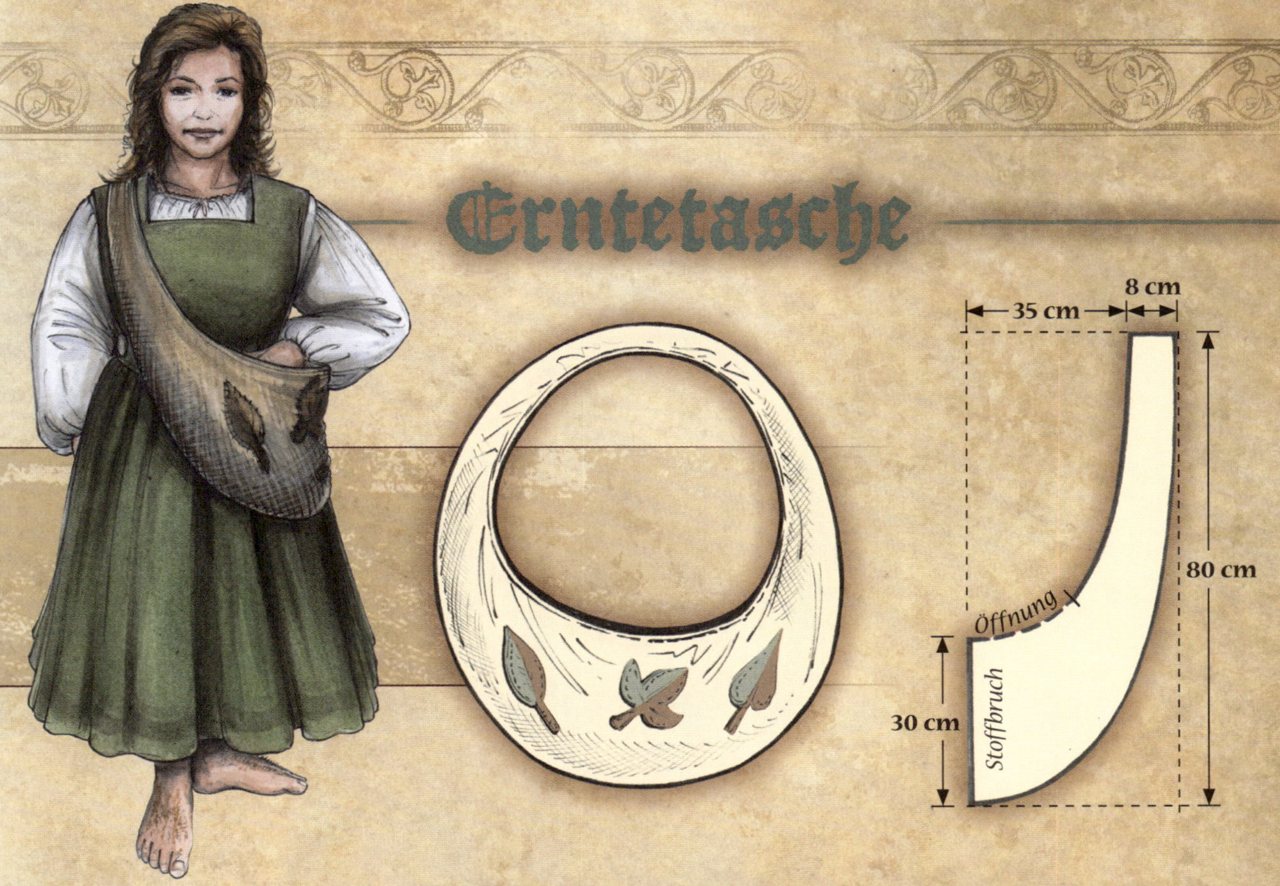

Eine preisgünstige und praktische Alternative zu Körben ist eine Erntetasche. Diese Taschen liegen eng am Körper und haben ein großes Volumen. Die abgebildete Erntetasche ist mit Applikationen aus Filz verziert. Doppelt genähte Nähte machen die Tasche stabiler.

Schwierigkeitsgrad: einfach

Material

- Stoff 85 cm x 80 cm

Stoffempfehlung: feste Baumwoll- oder Filzstoffe

Zuschneiden

- 2 x Tasche (im Stoffbruch)

Papierschnitt: Anhand der angegebenen Maße kann ein Papierschnitt erstellt werden. Unter Umständen muss der Riemen der Tasche verkürzt oder verlängert werden.

Zuschnitt: Schnittmuster auf den Stoff legen und mit Stecknadeln feststecken. Mit einem Kreidestift die Schnittlinien markieren. Die Nahtzugaben nicht vergessen! Schnittmusterpapier herunternehmen und den Stoff an den Kreidelinien entlang ausschneiden.

Nähanleitung

Die Taschenteile rechts auf rechts an der Außenseite zusammennähen. Die Innenseite vom Riemenende bis zur Markierung der Öffnung zusammennähen. Tasche wenden. Öffnung säumen. Tasche an den Riemenenden zusammennähen.

Variante

Wenn Reste verarbeitet werden sollen, können auch die Riemen separat ausgeschnitten und angenäht werden. Das spart Stoff. Die Tasche sieht gut aus, wenn sie als Patchworktasche gearbeitet wird.

Rucksack

Ein Rucksack kann relativ schnell und preisgünstig selbst hergestellt werden. Mithilfe eines Rucksacks lassen sich auch schwere Lasten mühelos tragen, während der Körper aufrecht bleibt und die Hände frei benutzbar sind. Neben schwer vernähbaren Materialien wie Leder oder Filz können auch andere Materialien benutzt werden, um einen Rucksack anzufertigen. Imprägnierte Markisen- oder Zeltstoffe eignen sich gut als Material für einen Sommerrucksack. Es ist ratsam, alle stark beanspruchten Nähte zweimal zu nähen.

Schwierigkeitsgrad: anspruchsvoll

Material

Filzstoff gibt es nicht nur im Stoffgroßhandel, sondern meist auch günstiger als Unterlage im Malerbedarf oder als Verpackungsmaterial im Transportwesen. Industriefilz ist preisgünstiger und strapazierfähiger als Filzstoff oder Loden. Da der Filz teilweise 3–4-lagig vernäht wird, darf er nicht zu dick sein.

- Nähutensilien
- Filz oder Winterloden 40 cm x 100 cm
- Baumwollstoff 40 cm x 100 cm
- 3 Filz- oder Lederstückchen für die Taschenbeutel
- 3 Filz- oder Lederstückchen für die Taschenklappen
- 1 Filz- oder Lederstück für den Boden
- 1 Filz- oder Lederstück für die Rucksackklappe
- Lederreste für 2 Schlaufen, ca. 10 cm x 2 cm
- 1 Stück Volumenvlies 23 cm x 40 cm, optional für das Rückenteil
- 1 Stück fester Filz 23 cm x 40 cm optional für das Rückenteil
- 2 Filz- oder Lederstreifen 8 cm x 80 cm für die Träger
- ca. 2 m Kordel
- 4 Knebelknöpfe

Zuschneiden

- A Vorder- und Seitenteil
- B Rückenteil
- C Rucksackklappe
- D Taschenklappe
- E Taschenbeutel
- F Boden

Die Teile A und B aus Filz und Baumwolle, C, D, E und F aus Leder oder Filz ausschneiden.

Papierschnitt: Anhand der angegebenen Maße kann ein Papierschnitt erstellt werden.

Zuschnitt: Schnittmuster auf den Stoff legen und mit Stecknadeln feststecken. Mit einem Kreidestift die Schnittlinien markieren. Die Nahtzugaben nicht vergessen! Schnittmusterpapier herunternehmen und den Stoff an den Kreidelinien entlang ausschneiden.

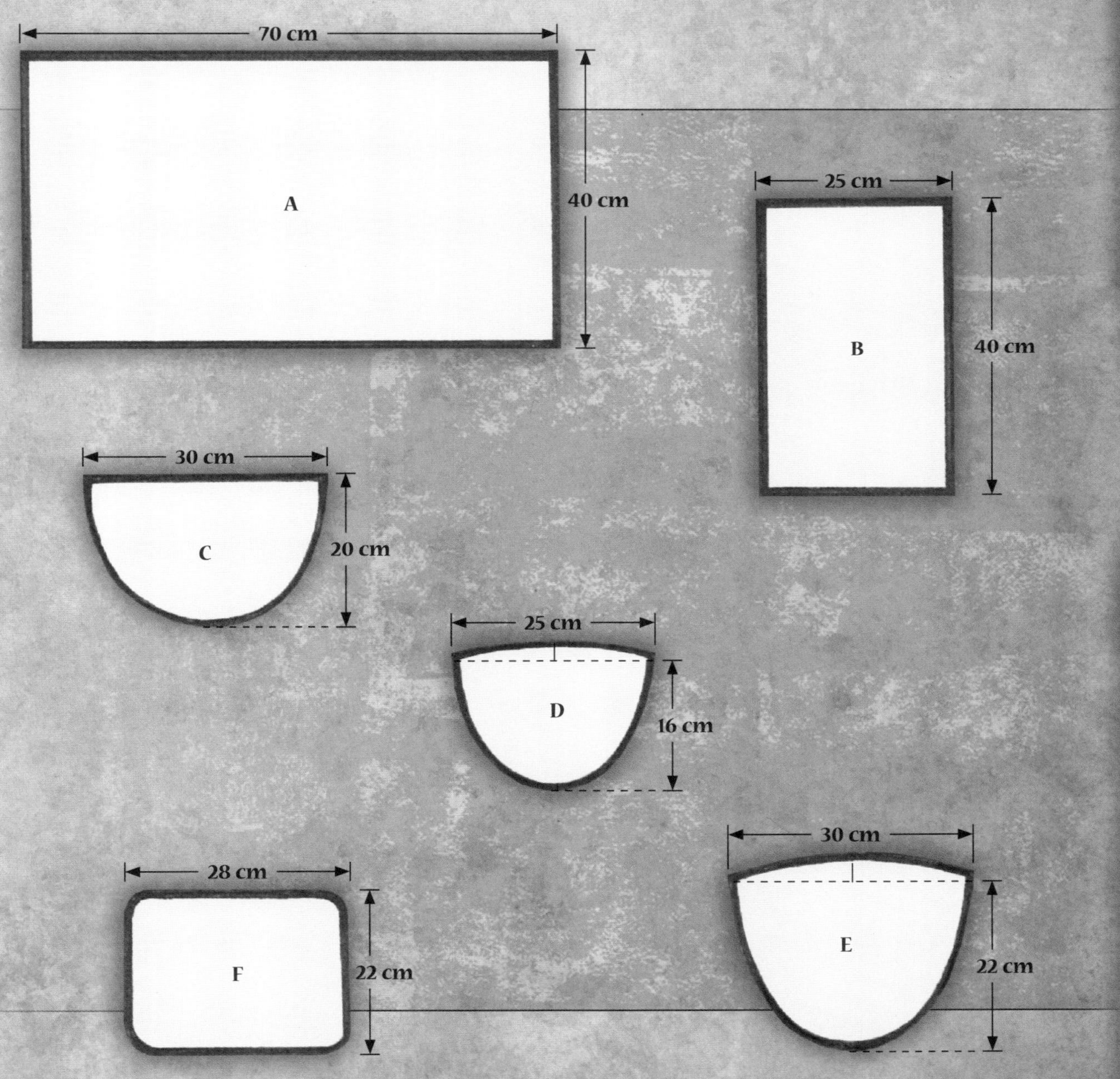

Nähanleitung

Die Taschenbeutel an den Markierungen einschneiden (siehe dazu Bild 5). Aus diesen Schlitzen kommen nachher die Kordeln. Die Schlitzkanten dann schmal umklappen und die Kante mit einer Naht fixieren. Nun die obere Kante des Beutels umklappen und diese ebenfalls festnähen. Durch die entstandenen Tunnelzüge die Kordeln ziehen. Die Kordeln dann an den äußeren Einzügen festnähen.

1

2

3

4

1 Die Taschenbeutel mit einigen Nadeln am Vorderteil des Rucksacks feststecken. Die Taschenklappen mit einigen Tropfen Klebstoff über den Beuteln am Stoff fixieren.

2 Die Taschenbeutel leicht gerafft annähen. Die Taschenklappen mit einer schmalen Naht an der geraden Seite annähen.

3 Die Wattierung, die Filzplatte und die Rückwand des Rucksacks zusammennähen. Es bleibt eine Kante von 1 cm für weitere Nähte.

4 Die Rückwand und die Vorderwand des Oberrucksacks aus Filz zu einem Schlauch zusammennähen. Den Boden an dem Schlauch feststecken, eine entstehende Mehrweite dabei gleichmäßig verteilen. Zwei Lederschlaufen mit einigen Tropfen Klebstoff im Nahtbereich fixieren. Vor dem Nähen muss getestet werden, wie viele Lagen Stoff bzw. Leder die benutzte Nähmaschine nähen kann. Alternativ können die Lederschlaufen später von außen mit der Hand angenäht werden. Die Rucksackklappe rechts auf rechts an der Rückwand festnähen. Die Klappe geht an jeder Seite 2,5 cm über die Rückwandkante hinaus. Dadurch deckt sie später die Öffnung besser ab. Die Rückwand und die Vorderwand des Futterrucksacks aus Baumwolle aneinandernähen. Schlauch und Boden des Futterbeutels zusammennähen. Sofern eine Innentasche gewünscht wird, sollte diese jetzt an den Futterbeutel des Rucksacks angenäht werden (siehe Taschen, S. 68 f.).

5 Das Vorderteil des Oberrucksacks an den Markierungen einschneiden und die Schlitzkante wie bei den Taschenbeuteln umnähen.

6 Die Stoffstücke für die beiden Riemen längs zusammenfalten und sie mit einer Naht fixieren. Die Riemen mit einem Ende oben an das Rückenteil annähen.

7 Den Rucksack auf links wenden und den Futterbeutel auf rechts. Den Futterbeutel in den Rucksack stecken und beides am oberen Rand zusammennähen.

8 Dabei wird das Stück mit der Rucksackklappe ausgespart. Dort hindurch den Rucksack wenden. Nach dem Wenden den oberen Rand des Rucksacks und den Futterbeutel so abnähen, dass ein Tunnelzug entsteht. Hier werden die beiden längeren Kordeln eingezogen und an den Enden neben der Rucksackklappe mit einer Naht fixiert.

9 Den Futterbeutel unter der Rucksackklappe per Hand festnähen oder mit einem Stoffkleber ankleben. Die Löcher für die Knöpfe in die Lederklappen schneiden und die Knöpfe annähen. Die Riemen auf die gewünschte Länge kürzen, durch die Lederschlaufen ziehen und festnähen.

Variante

In den Rucksack kann noch eine wasserdichte Membran eingezogen werden. Diese muss dann wie ein zweiter Futterbeutel gearbeitet werden.

In den Boden sollte eine wasserdichte Schicht eingearbeitet werden, damit der Rucksack auch auf einer nassen Wiese abgestellt werden kann.

Näht alle Lederteile langsam an. Die Nähmaschinennadel muss Zeit haben, sich durch den Stoff zu schneiden. Im Fachhandel gibt es spezielle Ledernadeln.

Es ist kein Problem, dünnes Leder auf Stoff aufzunähen. Schwieriger wird es, wenn Ihr Stoff auf Leder oder Leder auf Leder nähen wollt. Die normalen Stichplatten von Nähmaschinen transportieren Leder nicht gut. Solltet Ihr häufiger Leder nähen wollen, gibt es für viele Nähmaschinen spezielle Stichplatten für Leder.

Ziegenleder ist besonders dünn und sehr reißfest, eignet sich also besonders gut für Taschen oder Applikationen.

Es ist von Vorteil, alle Nähte, die besonders beansprucht werden, zweimal zu nähen.

Herstellung einer Gewandung

Auch wenn es möglich ist, den Stoff nach der Maßtabelle direkt zuzuschneiden, solltet ihr euch immer ein Schnittmuster aus Papier anfertigen. Zum einen schult das die dreidimensionale Wahrnehmung und hilft, einen Überblick über die einzelnen Teile zu bekommen, zum anderen ist es so deutlich einfacher, die Nahtzugaben richtig anzubringen. Da ihr für das Nähen mit der Maschine und für das Nähen mit der Hand unterschiedlich breite Nahtzugaben benötigt, sind bei den Schnittmustern in diesem Buch keine Nahtzugaben enthalten. Für maschinengenähte Gewandungen reicht meist für Nähte 1 cm Nahtzugabe, für Säume sollten es 3 cm sein. Bei handgenähten Verbindungen ist die Saumbreite von dem gewählten Nähstich abhängig. Beachtet besonders Halsausschnitte und Rundungen. Wenn ihr euch den Papierschnitt bereits mit den Nahtzugaben erstellt, könnt ihr diese nach Nähen eines Probestückes besser korrigieren.

Solltet ihr eine engere Form der angegebenen Schnitte wünschen oder sollten eure Proportionen von der Norm abweichen, dann müsst ihr den Schnitt entsprechend verändern. Alle Schnitte sind in einer möglichst bequemen Form und für die Anfertigung aus festem, wenig dehnbarem Stoff berechnet. Wenn ihr einen weichen, dehnbaren Wollstoff benutzt, können die Schnitte deutlich enger gestaltet werden.

Erstellung eines Schnittmusters

Ein Schnittmuster ist eine Papiervorlage, nach der der Stoff für eine Gewandung zugeschnitten wird. Es ist eine Umwandlung eines dreidimensionalen Kleidungsstückes in eine zweidimensionale Zeichnung und erscheint somit zunächst eine recht komplizierte Angelegenheit zu sein. Spätestens beim Nähen fügen sich die Teile aber oft wie von selbst zusammen. Bei der Schnittmustererstellung wird vor allem mit geometrischen Formen gearbeitet. Kreise, Rechtecke, Dreiecke, Kegel und Trapeze werden aneinandergefügt und begradigt. Je mehr Schnittmuster man erstellt, desto besser wird auch die geistige Umsetzung von zwei- auf dreidimensional gelingen. Es ist in jedem Fall von

Vorteil und zumindest bei den schwierigeren Schnitten auch notwendig, zunächst ein Probestück aus günstigem Baumwollnessel oder Bettlaken herzustellen und dieses am Körper abzustecken. Vorsicht, Nessel muss vor dem Nähen zweimal bei mindestens 60 Grad vorgewaschen werden, da der Stoff stark einläuft. Alle Änderungen, die an dem Probestück vorgenommen werden, sollten sorgfältig auf das Schnittmusterpapier übertragen werden, um eine spätere Reproduktion zu vereinfachen.

Bei der Erstellung eines Schnittmusters sollte die Stoffbreite beachtet werden, ebenso ein Muster oder eine Strichrichtung im Stoff – dadurch kann sich der Stoffbedarf erhöhen. Manchmal ist es deutlich günstiger bzw. stoffsparender, auf einige Zentimeter in der Länge zu verzichten, damit man zwei Bahnen aus einem Stück Stoff bekommt.

Maßtabelle

Die Schnitte in diesem Buch sind an moderne Stoffbreiten, die normalerweise zwischen 140 und 150 cm betragen, angepasst, um den Stoffverschnitt auf ein erträgliches Maß zu begrenzen. Für die Erstellung eines Schnittmusters werden zunächst die individuellen Körpermaße benötigt. Sollte kein Maßband zur Hand sein, kann man sich auch mit einem festen Band – wie Paketband – und einem Zollstock behelfen. Die Maße werden auf dem Band markiert und dann mit dem Zollstock nachgemessen.

Die Schulterbreite wird von Schulternaht zu Schulternaht gemessen. Dies kann entweder direkt am Körper oder an einem an den Schultern gut sitzenden Jackett, welches ausgebreitet auf einen Tisch gelegt wird, geschehen. Für eine ausreichende Bewegungsfreiheit sollte die Schulterbreite zunächst großzügig bemessen und später korrigiert werden. Die Taillenweite wird am schmalsten Punkt der Körpermitte ungefähr auf der Höhe des Bauchnabels gemessen. Die Ärmel sollten in der Länge großzügig bemessen und erst bei der letzten Anprobe auf die gewünschte Länge gekürzt werden. Bei nach vorne ausgestreckten Armen sollten die fertig gesäumten Ärmel bis zur Mitte des Handrückens gehen.

Weite Kleider können sich durch einen Gürtel bis zu 20 cm hochziehen, sodass ein bodenlanges Kleid mit Gürtel schnell zu einem nur noch wadenlangen Kleid wird.

Für das Erstellen eines Schnittmusters mithilfe der Maßtabelle müssen die gewünschten Maße in der Tabelle rausgesucht werden. Dann sollte eine Größe gewählt werden, die der gewünschten Größe am nächsten kommt – lieber etwas zu groß als zu klein. Das entsprechende Schnittmuster kann dann auf ein Stück Papier (Packpapier, Zeitungspapier oder Papiertischdecke) übertragen werden.

Im Handel ist spezielles Papier erhältlich, welches jedoch meist auch einen recht stolzen Preis hat. Für das Übertragen kann eine preisgünstige Papiertischdecke, vorzugsweise eine mit einem geometrischen Muster, an dem man sich beim Zeichnen orientieren kann, verwendet werden. Papiertischdecken sind zudem meist so stabil und flexibel, dass der Schnitt zusammengeklebt und für eine erste Anprobe benutzt werden kann.

Herrengrößen (Körpergröße 180 cm)

GRÖSSE	SCHULTERBREITE	BAUCHWEITE	BRUSTWEITE	ARMLÄNGE
S	42	80	90	63
M	44	90	100	64
L	46	100	110	65
XL	48	110	115	67

Damengrößen (Körpergröße 170 cm)

GRÖSSE	SCHULTERBREITE	BAUCHWEITE	BRUSTWEITE	ARMLÄNGE
S	38	64	82	59
M	40	72	90	60
L	42	80	98	61
XL	44	90	106	62

T-Shirt-Methode

Diese Methode eignet sich für ein schnelles, einfaches Hemd oder Kleid. Die Gewandung wird großzügig zugeschnitten und bei Bedarf am Körper abgesteckt. Gerade für Kinderbekleidung ist es unter Umständen praktischer, einen gut passenden Pullover als Vorlage zu nehmen, als bei einem zappelnden Kleinkind das Maßnehmen zu versuchen. Für die T-Shirt-Methode wird ein T-Shirt längs gefaltet und auf das Schnittmusterpapier gelegt. Nun wird der Umriss des T-Shirts mit einem Stift auf dem Papier abgezeichnet. Wird das T-Shirt jetzt weggenommen, ist auf dem Papier ein halbes T-Shirt zu sehen. Um diesen Umriss herum kann die Form für das Hemd gezeichnet werden (siehe Bild). Der Schnitt kann an individuelle Wünsche angepasst werden, indem z. B. aus den langen Ärmeln kurze gemacht werden. Auch kann ein runder Ausschnitt in einen eckigen und ein kurzes Hemd in eine Robe verwandelt werden.

Vor dem Übertragen auf den ausgewählten Stoff sollte der Schnitt mit günstigem geheftetem Stoff ausprobiert werden. Ein altes Bettlaken kann zu diesem Zweck benutzt werden. Auch einfacher Baumwollnessel, den es für wenig Geld nicht nur in einem schwedischen Möbelhaus gibt, reicht aus.

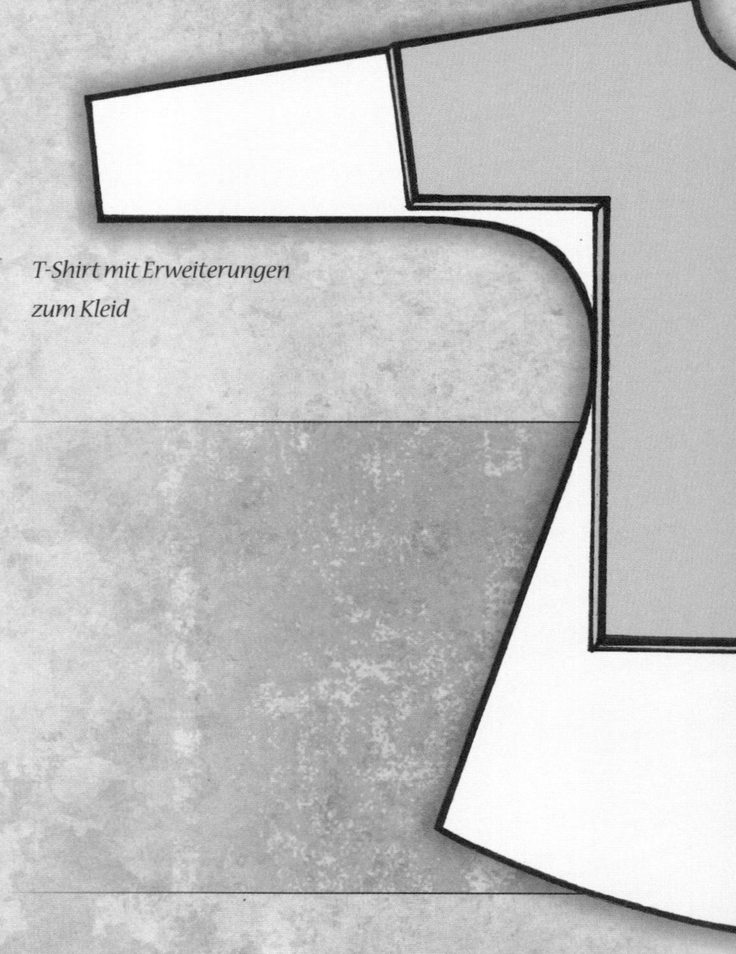

T-Shirt mit Erweiterungen zum Kleid

Halsausschnitt bei Kindertunika

Bei Gewandungen für Kinder sollte an den Armen und am unteren Saum extra viel Stoff zugegeben werden, und die Säume sollten so breit wie möglich genäht werden, dann kann später noch Länge ausgelassen werden. Kinder wachsen normalerweise in der Höhe mehr als in der Breite, sodass die Gewandungen eher zu kurz als zu eng werden. Ein Kinderkopf ist in Relation zum restlichen Körper größer als der Kopf eines Erwachsenen. Die Halsöffnung an Kinderkleidung muss entsprechend groß sein oder eine verschließbare Öffnung wie eine Knopfleiste besitzen.

Auswahl des Materials

Die sorgfältige Auswahl des Materials sollte immer direkt nach der Auswahl eines Schnittes erfolgen. Das Nähen einer Gewandung bedeutet viel Arbeit, also sollte ein Kleidungsstück entstehen, das auch nach einer langen Zeit noch gern getragen wird. Das wird aber nur dann der Fall sein, wenn es für individuelle Ansprüche optimiert wurde.

Die Auswahl des Materials ist abhängig von der Jahreszeit, für die diese Gewandung angefertigt wird, von ihrem Zweck als Unter- oder Oberbekleidung und von den besonderen Ansprüchen des Trägers.

In der Regel bietet sich die Kombination aus einem natürlichen Material wie Leinen oder Baumwolle für die Untergewandung und Kunst- oder Wollstoffen für die Obergewandung an. Die Untergewandung sollte möglichst bei mindestens 30 Grad maschinenwaschbar sein.

Sollte der Stoff schmaler sein als 140 cm, wird entsprechend mehr Material benötigt. Um den Stoffverschnitt zu verringern, sollte der fertige Papierschnitt mit in das Geschäft genommen werden, damit die verschiedenen Stoffbreiten sowie die unterschiedlichen Größen bei der benötigten Stoffmenge berücksichtigt werden können.

Stoffarten

Es gibt drei große Gruppen von Grundmaterialien für Stoffe. Leinen sowie Baumwoll- und Hanfstoffe werden aus Pflanzenfasern, Woll- und Seidenstoffe aus Tierfasern hergestellt. Die Fasern für Polyacryl, Elasthan und Acetat werden chemisch hergestellt, zum Teil aus alten PET-Flaschen. Generell sind Produkte aus tierischen Fasern am teuersten und auch am pflegebedürftigsten.

Leinen

Leinengewebe werden aus Flachs hergestellt. Verwandt sind Hanf- und Jutegewebe, diese sind allerdings recht schwer zu bekommen. Leinen wird meist in Leinwandbindung angeboten und besitzt durch die hohe Dichte einen natürlichen, schweren Fall. Die Webstruktur von Leinen erscheint unregelmäßig mit Verdickungen und Knötchen. Die natürliche Farbe von Leinen reicht von hellem Strohgelb bis hin zu verschiedenen Grau-, Braun- und Rosttönen. Leinen ist strapazierfähig und reißfest. Der Stoff besitzt einen natürlichen Glanz, der allerdings mit zunehmendem Abrieb nachlässt. Leinen ist in sich sehr steif, wenn ein Kleidungsstück aus Leinen elastisch werden soll, sollte es diagonal zum Fadenlauf zugeschnitten werden. Leinengewebe sind pflegeleicht und meist bei 40 Grad maschinenwaschbar. Wenn sie nass aufgehängt werden, spart man sich das Bügeln. Muss doch einmal eine Gewandung gebügelt werden, ist es wichtig, die Fasern mit Wasser einzusprühen und ihnen mindestens 15 Minuten Zeit zum Quellen zu geben, bevor man die Gewandung mit dem Bügeleisen bearbeitet.

Leinen fühlt sich zunächst immer kühl an. Die Fasern nehmen schnell die Umgebungstemperatur an und gleichen in kurzer Zeit Unterschiede zwischen Körper- und Außentemperatur aus. All diese Eigenschaften machen Leinen zu einem unverzichtbaren Gewebe für Unterkleidung und auch für die sommerliche Überbekleidung.

Leinen lässt sich mit natürlichen Farben schlecht färben, die Farben waschen sich schnell aus und verbleichen im Tageslicht. Helle Farben sind bei Leinen zu bevorzugen. Wichtig ist, dass der Stoff vor dem Nähen mindestens einmal vorgewaschen werden muss. Sofern die Stoffe nicht ab Werk vorgewaschen bzw. vorbehandelt sind, können sie immens einlaufen und die Farben „ausbluten".

Baumwolle

Baumwolle ist eine pflanzliche Faser, die aus der Samenkapsel der Baumwollpflanze gewonnen wird. Sie ist heutzutage das am häufigsten verwendete natürliche Material, da sie sehr angenehme Trageeigenschaften hat. Baumwolle kann eine große Menge an Feuchtigkeit aufnehmen und ist deshalb gerade für sommerliche Temperaturen ideal.

Aus Baumwolle können Textilien mit hoher Festigkeit hergestellt werden, weshalb sie auch gern für Zeltstoffe benutzt wird. Von Natur aus ist Baumwolle weiß bis gelblich, und die Qualität und Erscheinung eines Baumwollstoffes kann ausgesprochen vielfältig sein.

Baumwolle knittert stark und hängt sich in der Regel nicht aus, muss also oft gebügelt werden. Baumwollstoffe sind kochfest und daher nach dem Waschen keimfrei, sie können bei hohen Temperaturen gebügelt werden.

Wolle

Wolle lässt sich kaum mit wenigen Sätzen auf eine Art beschreiben, die ihrer Vielfältigkeit gerecht wird. Es gibt Wollstoffe aus Unter-, Flaum- oder Wollhaar, aus Grannenhaar und aus Stichelhaar. Schafe, Kamele, Ziegen, Hunde, Pferde, Rinder und mehr Tiere liefern Wolle.

Die natürlichen Farben von Wolle gehen von Weiß über Gelb bis hin zu Braun und Dunkelgrau, je nach Tierart und -rasse. Die Qualität und Erscheinung kann sehr vielfältig sein und reicht von grob gewebten Wollstoffen bis hin zu feinstem Kammgarn oder widerstandsfähigem Loden. Aus Wolle gefertigte Gewandungen sind verhältnismäßig leicht und anschmiegsam. Sie ist filzfähig, das heißt, die Wollhaare stellen sich unter dem Einfluss von heißer Seifenlauge auf und können dann durch Bewegung so miteinander verklettet werden, dass ein nahezu wind- und wasserdichtes Tuch entsteht. Die feinste Art des Verfilzens findet man beim Loden, einem wind- und wasserdichten, gewalkten Wollstoff.

Wolle ist kaum wärmeleitfähig. Gewandungen aus Wolle halten die Körperwärme entsprechend am Körper. Sie kann enorm viel Wasser aufnehmen, trocknet aber sehr schlecht. Sie knittert kaum, Knitterfalten liegen sich oft wieder aus. Wollstoffe dürfen in der Regel nur mit speziellen Waschmitteln und nur mit kaltem Wasser gewaschen werden. Am besten werden Gewandungen aus Wolle liegend und ohne die Einwirkung von Hitze getrocknet. Bügeln sollte man Wolle immer bei niedrigen Temperaturen mit einem feuchten Tuch.

Erkennen kann man reine Wolle mit der Brennprobe. Wolle verbrennt zu Asche, während Polyester verschmort und einen harten Rand ergibt.

Sie lässt sich gut färben und behält die Farben lange. Bei längerem Lagern sollte man unbedingt handelsübliche Mottenmittel verwenden. Leider knabbern Motten nicht nur Wollstoffe an.

Seide

Seide wird aus Spinnfäden der Kokons eines Schmetterlings bzw. seiner Raupe hergestellt. Ungefärbt ist Seide weiß bis gelblich oder grünlich. Die Qualitäten gehen von hauchdünnen Gespinsten bis hin zu grob gewebten, leinenartigen Strukturen. Seidenstoffe sind sehr leicht und ausgesprochen saugfähig. Außerdem trocknen sie sehr schnell wieder, was sie gerade als Unterkleidung angenehm macht. Allerdings bekommt Seide gern mal Schweißflecken.

Seide kann bei niedrigen Temperaturen von links gebügelt werden, möglichst wenn sie noch feucht ist. Vorsicht, die Seide nicht einsprengen, sonst bekommt sie schnell Wasserflecken. Waschbar ist Seide bei niedrigen Temperaturen unter Verwendung von Spezialwaschmitteln. Sie darf nicht heiß getrocknet oder geschleudert werden.

Bei der Verwendung von Seidenstoffen sollte immer erwogen werden, die Nähte mit einem dünnen Vliesband zu unterlegen, um ein Ausfransen oder Reißen der Naht zu verhindern.

Viskose

Viskose ist die handelsübliche Bezeichnung für einen Stoff, der durch ein chemisches Verfahren, das Viskoseverfahren, aus Holzzellstoff hergestellt wird. Gewonnen wird dieses Grundmaterial aus dem Holz von Buchen, Fichten, Eukalyptus, Pinien, Bambus oder Ähnlichem. Viskose hat alle Eigenschaften eines natürlichen Materials, ist atmungsaktiv und angenehm zu tragen. Außerdem lässt sich Viskose leicht färben und besitzt oft einen Glanz, der vergleichbar mit Seide ist. Viskose ist vor allem in Kombination mit anderen Fasern wie Baumwolle oder Leinen interessant, weil sie diese Gewebe weicher macht und ihnen einen fließenden Fall verleiht. Außerdem sind diese Mischgewebe oft pflegeleichter als die reinen Verbindungen. Viskose ist bei 30 Grad maschinenwaschbar und kann problemlos bei niedriger Temperatur gebügelt werden.

Polyacryl

Polyacryl ist eine synthetische Faser. Sie ist strapazierfähig, formbeständig und knitterarm. Allerdings nimmt sie auch nur wenig Feuchtigkeit auf. Das sorgt zwar für extrem schnell trocknende Jacken und Umhänge, macht Polyacryl aber sehr ungeeignet für Unterkleidung. Im Unterschied zu Polyester oder Polyamid, ebenfalls synthetische Fasern, wird Polyacryl vorwiegend für die Imitation von Wollstoffen, insbesondere Strickware benutzt, da die Faser durch ihre Struktur Wolle sehr ähnelt.

Polyacryl kann bei 30 Grad im Schonwaschgang gewaschen werden, darf aber nur begrenzt geschleudert werden, da das Gewebe verfilzen kann. Bei einer Verbindung von Polyacryl mit Wolle ergänzen sich die Trage- und Pflegeeigenschaften hervorragend. Für Stoffe aus Polyacryl- oder Polyacrylmischgeweben muss in jedem Fall eine Wasch- und Pflegeanleitung im Stoffhandel erfragt werden. Achtung, Stoffe aus synthetischen Fasern sind sehr feuerempfindlich! Während Stoffe aus Naturfasern verkohlen, schmelzen synthetische Stoffe. Das kann zu schwersten Verbrennungen der Haut führen, wenn der Stoff Feuer fängt.

Acetat

Acetatstoffe bestehen aus Celluloseacetat. Stoffe aus Acetat sind meist sehr glatt und glänzend. Oft werden diese Stoffe auch als Kunstseide bezeichnet, weil sie der natürlichen Seide stark ähneln. Sie sind in der Regel formbeständig und knitterarm. Die Feuchtigkeitsaufnahme ist deutlich geringer als bei Seide. Dadurch neigen Celluloseacetat-Textilien zur elektrostatischen Aufladung, was speziell für langhaarige Träger unangenehm ist. Wegen der geringen Quellung und Wasseraufnahme sind Acetatstoffe gut für wasserabweisende Oberbekleidung oder Accessoires wie Schirme benutzbar. Stoffe aus Acetat trocknen sehr schnell.

Acetat ist bei niedrigen Temperaturen maschinenwaschbar. Um den seidenähnlichen Glanz nicht zu zerstören, sollten Kleidungsstücke aus Acetat nur bei niedrigen Temperaturen und von der Rückseite gebügelt werden.

Mikrofaser

Mikrofasergewebe bestehen aus sehr feinen Fasern unterschiedlicher Grundstoffe. Weil Mikrofasern so fein sind, werden viele von ihnen eng zusammengepackt, um einen Faden herzustellen, woraus sich eine größere Fadenoberfläche ergibt, was außergewöhnliche Eigenschaften mit sich bringt. Mikrofasergewebe sind sehr weich und formbeständig. Da sie sowohl wind- und wasserabweisend sind als auch Feuchtigkeit nach außen ableiten, eignen sie sich sehr gut für Funktions- und Sportbekleidung. Insbesondere Lederimitate aus Mikrofaser sind oft nur durch den Geruch von echtem Leder zu unterscheiden. Mikrofaserstoffe trocknen sehr schnell und können auch als wasserabweisendes Futter benutzt werden. Sie sind maschinenwaschbar, sollten aber nicht geschleudert werden. Es sollte im Handel nach einer Pflegeanleitung gefragt werden, da Mikrofaserstoffe aus den unterschiedlichsten Materialien wie Polyester, Acryl, Zellulose oder Nylon bestehen können.

Elasthan

Elasthan ist eine sehr dehnbare Kunstfaser, die meist in Verbindung mit anderen Stoffen wie z. B. Baumwolle verarbeitet wird und diesen eine hohe Flexibilität gibt. Für Kleidungsstücke, die eng am Körper liegen sollen, ist eine Elasthan-Beimischung oft notwendig, um den gewünschten Effekt zu erzielen.

Gewebestrukturen

Die Struktur eines Gewebes wird Gewebebindung genannt. Je nach Art der Verkreuzung der Kett- und Schussfäden eines Gewebes trägt sie einen anderen Namen. Am häufigsten findet sich die Leinwand- oder auch Tuchbindung. Hierbei handelt es sich um die einfachste, engste und festeste Fadenverkreuzung von Kette und Schuss. Beide Seiten sehen gleich aus, und in Tuchbindung gefertigte Gewebe sind sehr stabil. Wenn die Schnittteile einer Gewandung aus einem Stoff in Tuchbindung diagonal zum Fadenlauf zugeschnitten werden, ergibt sich eine diagonal dehnbare Gewandung, was bei engen Hosen oder Beinlingen von Vorteil sein kann.

Eine weitere Gewebebindung ist die Köperbindung. Gewebe in Köperbindung lassen diagonal verlaufende, mehr oder weniger hervortretende Gratlinien erkennen. Das Gewebe hat zwei unterschiedliche Seiten. Der bekannteste Köperstoff ist der Jeansstoff. Variationen der Köperbindung sind Gleichgratköper, Rautenköper, Spitzköper, Fischgrätköper und Diamantköper.

Leinenbindung

Köperbindung

Damast, Jaquard und Brokat sind Bezeichnungen für Stoffe, deren Webverfahren aufwendige, teilweise sogar figürliche Mustergestaltung ermöglichen. Bis zur Erfindung des Jaquardwebstuhls waren diese Stoffe nahezu unbezahlbar. Heutzutage sind sie, insbesondere um den Jahreswechsel herum, im Handel recht günstig zu bekommen.

Samt und andere Gewebe mit einem hochstehenden Flor, wie Pelzimitate oder florige Wollstoffe, werden angefertigt, indem in ein Grundgewebe ein zweites Gewebe mit Schlaufen und Schlingen eingezogen wird. Um einen Flor zu erreichen, werden diese Schlingen am Ende des Verfahrens aufgeschnitten. Der Stoff ähnelt also einem sehr feinen Teppich. Diese Stoffe sind nicht ganz einfach zu verarbeiten. Beim Zuschnitt ist auf die Strichrichtung des Flors zu achten und beim Zusammennähen zweier Lagen müssen die Stoffe vor dem Nähen mit der Nähmaschine sorgfältig mit der Hand zusammengeheftet werden, da der Stoff dazu neigt, sich in der jeweiligen Strichrichtung zu verschieben. Für Halblingsbekleidung ist Baumwollsamt am stimmigsten, da er am authentischsten wirkt. Von Pannesamt sollte man tunlichst die Finger lassen, dieser ist zu bunt und zu glänzend, sodass er sehr nach billigem Karnevalskostüm aussieht.

Bei Tweed handelt es sich um meist köperbindige Wollgewebe in gedeckten Farben, in die kleine Noppen aus oft buntem Wollgarn eingearbeitet sind. Dieser Stoff eignet sich besonders gut für Hosen und Westen, aber auch für Jacken und Kopfbedeckungen.

Für eine angemessene Halblingsgewandung empfiehlt sich ein Gemisch aus edel anmutenden Stoffen und rustikalen Wollgeweben. Um das entspannte Wohlgefühl zu erreichen, welches einen Halbling meist umspielt, ist für die Untergewandung Flanell besonders geeignet. Flanell ist ein Baumwollstoff, dessen Oberfläche aufgeraut wurde und der so einen flauschigen, weichen Griff erhält. Meist gibt es Flanell nur in Weiß, er lässt sich aber gut färben.

Bei Wollstoffen für Gewandungen, die außen getragen werden, wie Gugel, Umhänge, Mäntel etc., oder Zubehör wie Rucksäcke oder Taschen, ist es von Vorteil, einen gewalkten Woll- oder Filzstoff zu nehmen. Bei beiden Stoffen werden die Fasern unter Hitze und Druck so behandelt, dass sie miteinander verkletten und eine fast wasser- und windundurchlässige Einheit bilden.

Farben

Der Auswahl der Farben für eine Halblingsgewandung sind kaum Grenzen gesetzt, solange die Farben harmonisch aufeinander abgestimmt sind. Sehr interessant werden Farbkombinationen, wenn sie zum selben Themenbereich gehören. Als Themenbereiche bieten sich beispielsweise Wald und Wiese, Fluss und Aue, Edelsteine und Mineralien oder auch Obst und Gemüse an. Man kann sich wunderbar von Spaziergängen durch verschiedene Landschaften oder auch nur durch die Gemüseabteilung des nächstgelegenen Supermarktes inspirieren lassen. Auch an Gemälden, die Landschaften zeigen, kann man sich gut orientieren. Wer es lieber klassisch mag, sollte sich einmal bei den Farben der schottischen Clans umsehen. Bei der Farbzusammenstellung dominieren häufig gedeckte Farben, die sozusagen die Basis für Akzente aus fast schon grellen Stoffen wie Blutrot oder auch Flaschengrün bieten.

Auch die südeuropäischen Trachten Europas sind in Bezug auf Farbzusammenstellung und Details sehr interessant. Insbesondere die Farbzusammenstellungen Grasgrün und Dunkelrot sowie Taubenblau und Goldgelb wirken fröhlich und friedlich.

Nähen des Kleidungsstückes

Bevor mit dem Nähen begonnen wird, muss der Stoff sorgfältig entsprechend dem erstellten Schnitt zugeschnitten werden. Der Papierschnitt sollte so auf den Stoff aufgelegt werden, dass die freibleibenden Flächen möglichst klein sind. Es muss dabei auf eine mögliche Strichrichtung wie z. B. bei Samt oder auf Muster wie z. B. bei Karostoffen geachtet werden. Nähanfänger sollten das Schnittmuster aus Papier mit Nadeln am Stoff feststecken und die Umrisse zunächst mit einem Kreidestift markieren. Dann sollten die Nahtzugaben entweder ebenfalls eingezeichnet oder zumindest beim Zuschneiden berücksichtigt werden. Im Allgemeinen sollten 1 cm Nahtzugabe für Nähte und 3 cm Nahtzugabe für maschinengenähte Säume ausreichend sein. Generell sollten alle Nähte versäubert werden, da der Stoff sonst im Laufe der Zeit aufribbelt.

Folgende Arbeitsmaterialien sollten vor Nähbeginn bereitgelegt bzw. bereitgestellt werden:

Stoffschere, Nahttrenner, Kreidestift, Lineal, Kurvenlineal, Winkel, Maßband (mit Loch, damit man es als Zirkel benutzen kann), Nähnadeln, Stecknadeln (bügelfest), Bügelbrett, Ärmelbrett, Dampfbügeleisen, Sprühflasche für Wasser und Packpapier, Papiertischdecke (auf der Rolle, mindestens 80 cm breit) oder Schnittmusterpapier.

Die schönsten Gewandungen entstehen mit Zeit und Ruhe. Insbesondere bei einer Halblingsgewandung, die echt wirken soll, sind das zwei sehr wichtige Faktoren. Ein Tässchen Tee und ein paar Kekse wirken Wunder beim Arbeiten mit textilen Materialien und sollten deshalb auch parat stehen, damit die Pausen nicht zu kurz kommen.

Nähen mit der Hand

Mit einer Nähmaschine zeitsparend umzugehen, erfordert Übung. Eine Gewandung mit der Hand zu nähen, kann da durchaus eine Alternative sein, sofern das Schnittmuster bereits erprobt ist. Bei der Auswahl des richtigen Nähgarns sollte neben der Farbe auch die Qualität berücksichtigt werden. Reißfest und gleichmäßig ist Polyestergarn, für Kleidung, die nach dem Nähen noch gefärbt werden soll, muss hingegen ein Baumwollgarn gewählt werden, da sich Polyester nicht färben lässt. Beim Nähen mit der Hand kann statt eines Nähstichs ein Stick- oder Zierstich verwendet werden, der mit einem bunten Garn den Stoff zusätzlich schmückt.

Saumstich/Staffierstich
Wird eigentlich benutzt, um Futter einzunähen, lässt sich aber auch gut für unsichtbare Säume verwenden. Vor allem bei weichen bzw. grob gewebten Wollstoffen ist der Staffierstich besser geeignet als der Hexenstich, da er den Saum glatt an den Oberstoff heranzieht. Bei diesem Stich werden immer nur wenige Fäden des Obermaterials erfasst, dadurch ist er von der Oberseite fast unsichtbar.

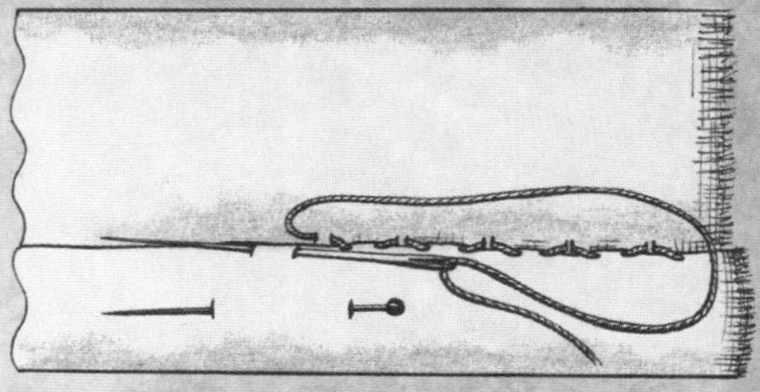

Saumstich/Staffierstich

Heftstich
Ist ein nicht sehr haltbarer Stich, gut geeignet für Markierungen oder um Stoffstücke zu verbinden, auf denen kein Druck lastet. Er eignet sich auch, um die Stoffstücke für eine erste Anprobe zu verbinden oder zum Raffen/Rüschen.

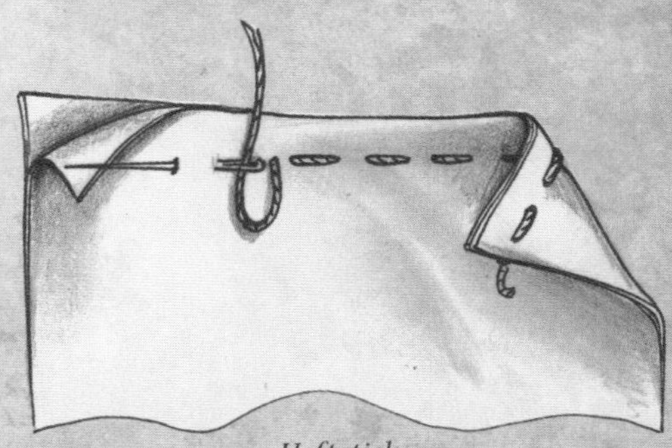

Heftstich

Rückstich
Wird für alle Nähte verwendet. Er ist einfach und stabil.

Hexenstich
Kann sowohl für unsichtbare Säume als auch als Zierstich verwendet werden.

Rollsaum
Ist ein Saumstich bzw. eine Kantenversäuberung für sehr feine Stoffe.

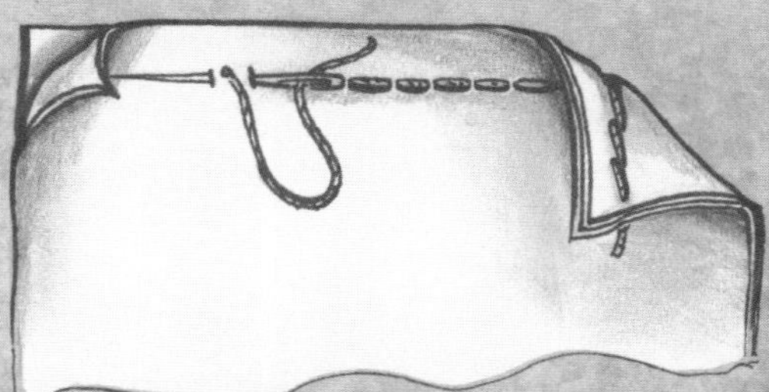

Rückstich

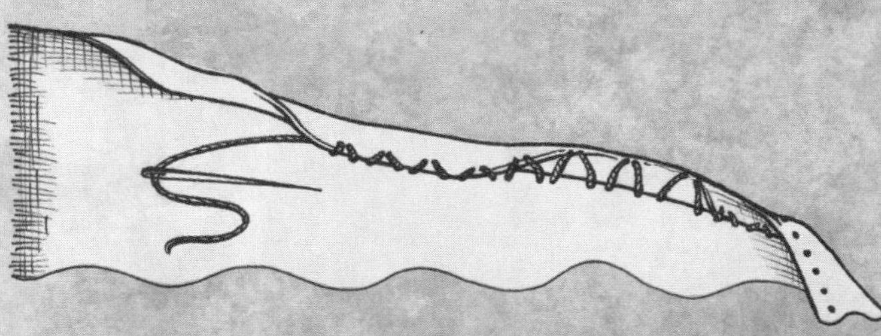

Rollsaum

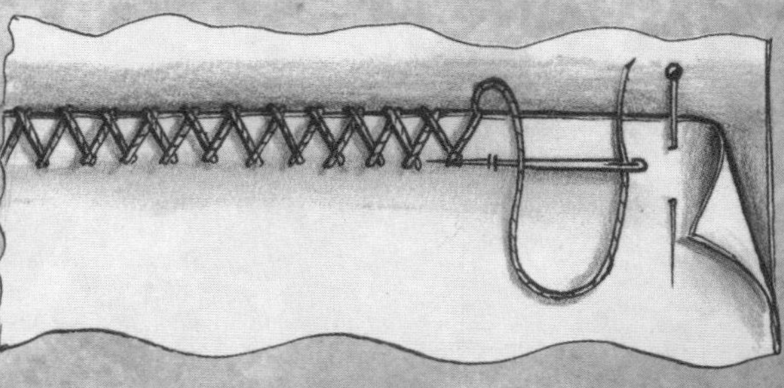

Hexenstich

Knopflochstich

Dieser Stich kann, wenn er rund ausgeführt wird, gut für Schnürungen oder als Oval für Knöpfe oder kleine Fibeln benutzt werden.

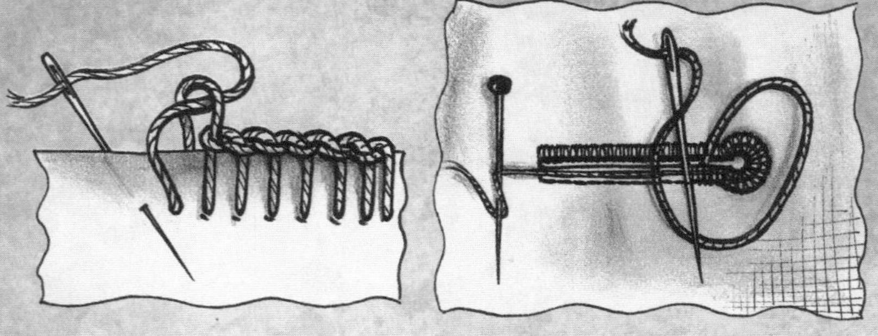

Knopflochstich

Kappnaht

Ist eigentlich kein einzelner Stich, sondern die Verbindung von zwei Arbeitsschritten. Zunächst werden die beiden Teile zusammengenäht, sodass etwa 1 cm Rand übrig bleibt. Dann wird der untere Rand auf 0,5 cm abgeschnitten. Der obere Rand wird um den unteren herumgeklappt und festgenäht. Diese Naht ist gut geeignet, um Stoffe fest und strapazierfähig miteinander zu verbinden.

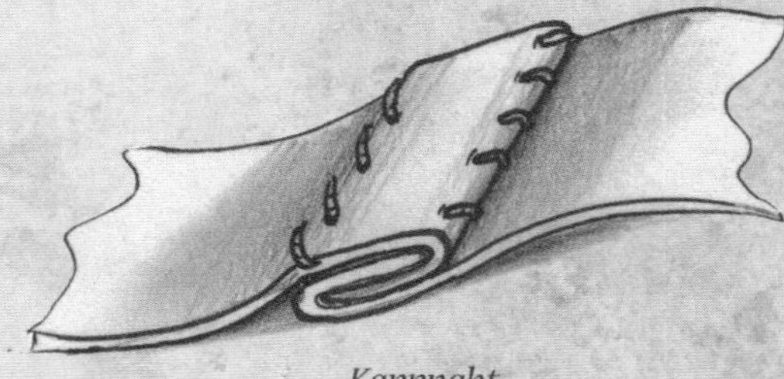

Kappnaht

Überwendlingsstich

Ist ein Stich zur Kantenversäuberung. Wenn er sehr fein ausgeführt wird, reicht er auch aus, um zwei Kanten miteinander zu verbinden.

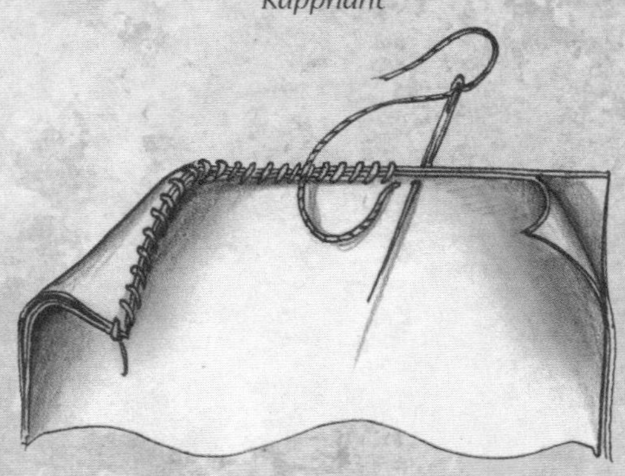

Überwendlingsstich

Nähen mit der Maschine

Eine Nähmaschine sollte immer gut gewartet sein, das führt zu besseren Nähergebnissen und weniger Ärger mit schlechten Nähten. Sie muss regelmäßig entfusselt und ab und zu mit einem Tropfen Öl versorgt werden. Nach dem Ölen sollte man immer zunächst auf einem Stoffrest nähen, bis sich auf dem Stoff keine Ölflecken mehr zeigen. Die Wartung und Neujustierung von alten oder lange nicht benutzten Nähmaschinen kann in einem entsprechenden Fachgeschäft vorgenommen werden. Genäht werden sowohl Leinen als auch Wolle vorzugsweise mit Nadeln der Stärke 80–90, je nach Dicke des Stoffes. Für Seide müssen feinere Nadeln verwendet werden. Mit der Maschine lassen sich am besten Polyestergarne in guter Qualität verarbeiten. Wenn beim Zusammenstecken zweier Stoffteile die Stecknadeln quer zur Naht gesteckt werden, kann man langsam und vorsichtig darübernähen, ohne die Nadeln vorher entfernen zu müssen.

Steppnaht

Gerader Stich, um Stoffstücke zu verbinden, oder zum Säumen.

Steppnaht

Zickzackstich

Zum Versäubern der Nähte, um ein Ausfransen zu verhindern.

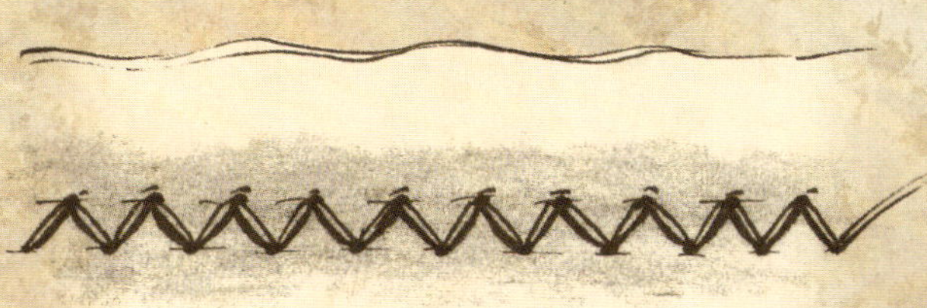

Zickzackstich

Kappnaht

Ist eigentlich die Verbindung zweier Arbeitsschritte. Zunächst werden die beiden Teile mit einer Steppnaht zusammengenäht, sodass ungefähr 1 cm Rand übrig bleibt. Dann wird der untere Rand auf 0,5 cm abgeschnitten. Der obere Rand wird um den unteren herumgeklappt und festgesteppt. Für die Nähmaschine gibt es einen besonderen Fuß, den Kapper oder Kappfuß, um eine solche Nahtverbindung schnell und komfortabel zu erstellen.

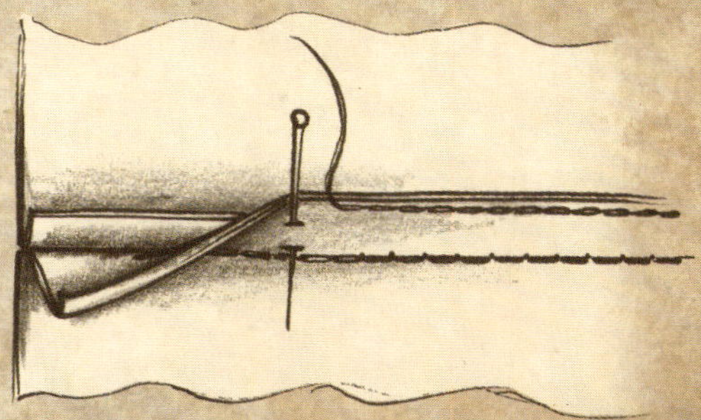

Kappnaht

Kragen

Das Anfertigen eines Kragens ist schwierig. Da ein Kragen millimetergenau passen muss und diese Passform auch von der Dicke und Art des verwendeten Stoffes abhängig ist, sollte er für jeden Schnitt bzw. jedes Kleidungsstück separat entworfen werden. Ein Kragen kann die Wirkung eines Kleidungsstückes stark verändern, daher lohnt es sich, ein wenig mit der Konstruktion verschiedener Kragentypen zu experimentieren.

Die meisten Kragenarten bestehen aus Ober- und Unterkragen. Häufig werden Unter- oder Oberkragen mit einer Bügeleinlage versehen, damit der Kragen später besser seine Form behält. Die Einlage sollte nicht über die Naht hinausgehen, da sonst die Kanten sehr dick werden. Da der Unterkragen durch den innen liegenden Knick mehr Stoff besitzt als der Oberkragen, bei dem der Knick außen liegt, muss der Oberkragen entsprechend der Dicke und Struktur des Stoffes mehr Weite besitzen. Meistens reicht es, wenn er einige Millimeter größer ist als der Unterkragen. Der Stoffüberschuss muss beim Zusammennähen von Unter- und Oberkragen vorsichtig verteilt werden. Beim Umklappen sollte der Oberkragen dann keine Falten werfen oder spannen.

Bei einem Kragen werden zunächst der Unter- und Oberkragen an der oberen Kante zusammengenäht. Dann den Oberkragen rechts auf links an den Halsausschnitt nähen. Nun wird der Unterkragen mit Nadeln festgesteckt und am besten per Hand eingenäht.

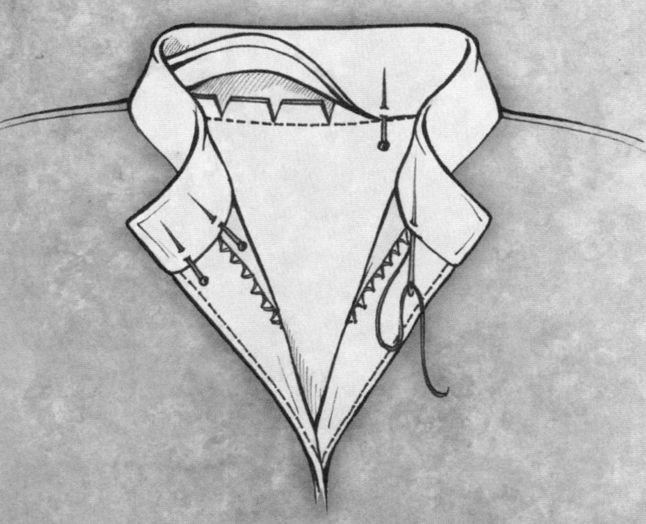

Kragen einnähen

Verschiedene Kragenvarianten

Konstruktion von Kragen

Stehkragen

Stehkragen werden meist für Hemden oder Trachtenjanker benutzt. Sie sind geschlossen, das heißt die vorderen Kanten stoßen aufeinander und können, entsprechend verlängert, mit einem Knopf verschlossen werden. Ein Stehkragen ist einfach zu nähen und zu konstruieren. Je höher ein Stehkragen ist, desto militärischer wirkt er. Für trachtenähnliche Hemden sollte der Stehkragen möglichst schmal angefertigt werden.

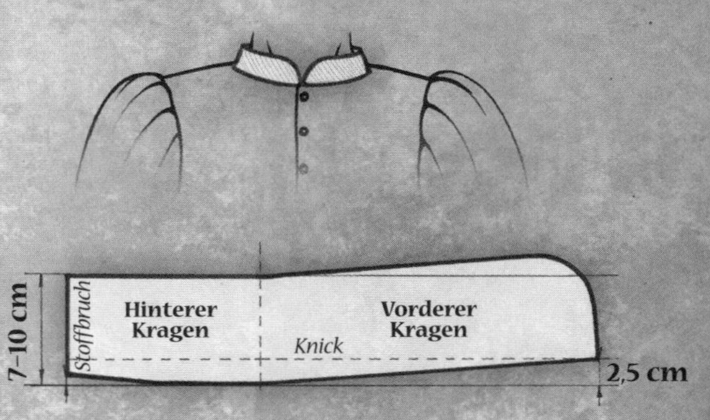

Flacher Kragen

Der flache Kragen wird ähnlich wie ein Besatz konstruiert (siehe *Besatz*, S. 84). Im Unterschied zum Besatz wird er doppellagig konstruiert und liegt lose auf. Er lässt sich durch Ändern der Kantenlinie in verschiedenen Formen herstellen, kann also auch als Reverskragen-Imitat fungieren.

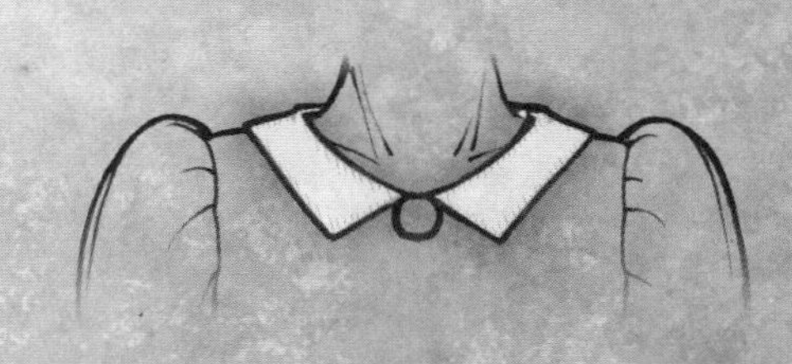

Einfacher Kragen

Der einfache Kragen ist die Grundform für fast jeden angesetzten Kragen. Er kann offen oder geschlossen gearbeitet werden. Je nach der genauen Form und der Grundlinie verwandelt sich der Kragen in unterschiedliche Modelle.

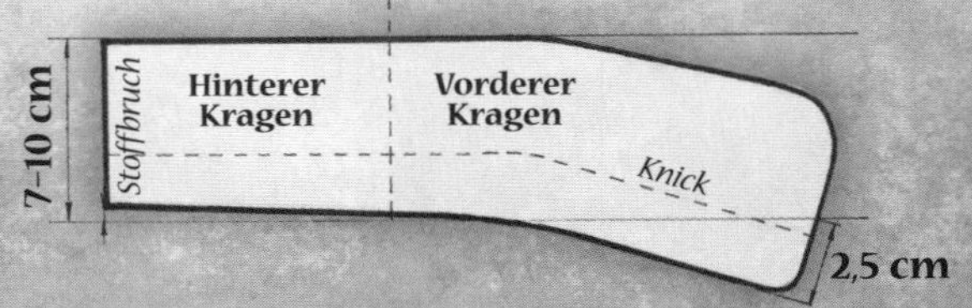

Offener Kragen

Ein offener Kragen wird vorwiegend an Jacken und Mänteln getragen. Bei der Halblingsmode findet er sich vor allem an der Oberbekleidung für die Herren. Insbesondere bei weichen Stoffen sollte der Kragen mit einigen Stichen fixiert werden. Bei einer Variante des offenen Kragens, dem Reverskragen, wird der angesetzte Kragen mit dem Halsausschnitt verbunden und dieser dann umgeklappt.

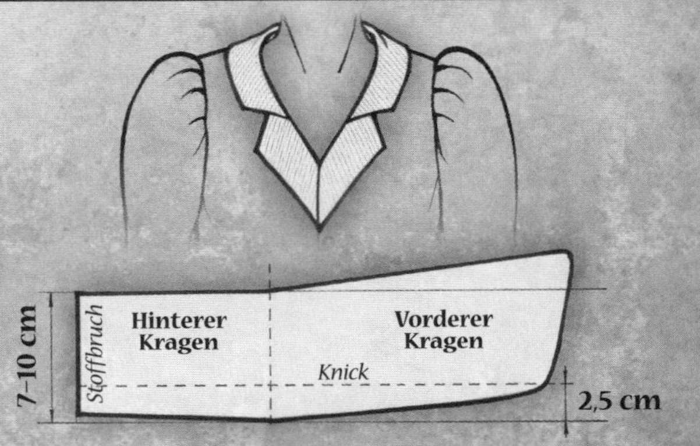

Geschummelter Kragen

Ein geschummelter Kragen ist kein richtiger Kragen. Um einen kragenähnlichen Effekt zu erzielen, wird der vordere Bereich des Kleidungsstücks um ein Stück erweitert. Vor dem Zusammennähen der Schulternähte wird dieses Stück umgeklappt und mit in die Schulternaht eingenäht. Am besten sieht dieser Kragenersatz aus, wenn er sich an einem gefütterten Kleidungsstück befindet, da das Innenfutter von außen als Teil des Kragens sichtbar ist.

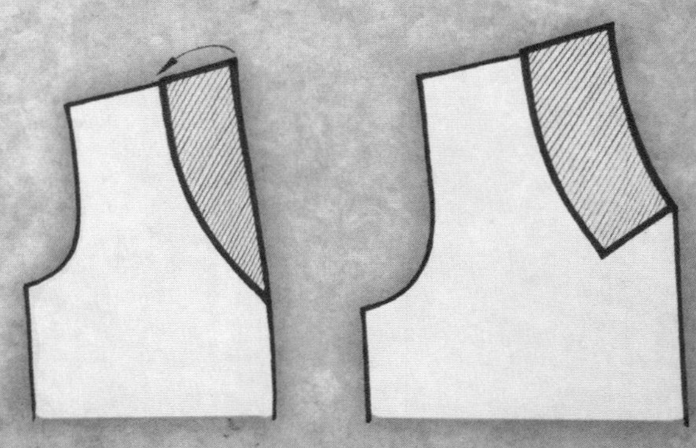

Taschen

Halblingsgewandungen haben viele Taschen. Nicht nur um wichtige Utensilien darin aufzubewahren, auch die Hände können lümmelig darin verschwinden.

Es wird zwischen eingesetzten Taschen und aufgesetzten Taschen unterschieden. Der Eingriff kann schräg oder gerade gestaltet sein, mit Verschluss oder Verschlusskappe oder offen. Eingesetzte Taschen sollten aus einem dünnen, strapazierfähigen und flexiblen Stoff wie Futterstoff oder dünner Baumwolle gearbeitet sein. Aufgesetzte Taschen sollten eher aus einem Stoff angefertigt werden, der mit dem Material des Kleidungsstückes vergleichbar oder noch fester ist. Es gibt verschiedene Formen von eingesetzten und aufgesetzten Taschen.

Benötigte Einzelteile Paspeltasche

Einseitige Paspeltasche

Diese eingesetzte Tasche wird gern an Westen angebracht. Sie muss besonders sauber gearbeitet werden. Für die Tasche werden ein Ober- und ein Untertaschenbeutel benötigt sowie ein doppelt gelegter Paspelstreifen, der später den Tascheneingriff verbirgt. Die Taschenbeutel sollten 1 cm breiter als der Ausschnitt sein (Nahtzugabe). Als Paspelstreifen wird ein Stoffstreifen ausgeschnitten, der als Maße doppelte Ausschnitthöhe mal Ausschnittbreite mal Nahtzugaben hat. Der Taschenausschnitt wird als Erstes auf der linken Stoffseite mit einem Stück Aufbügelvlies fixiert. Hierauf können bereits die Markierungen für den Ausschnitt angebracht und mithilfe von Stecknadeln auf die rechte Seite übertragen werden. Nun wird oberhalb des Ausschnitts der Obertaschenbeutel und unterhalb des Ausschnitts der doppelt gelegte Paspelstreifen an der gestrichelten Linie auf der rechten Seite der Weste festgenäht. Danach wird die Weste gewendet. Das Vlies und der Westenstoff werden an der Markierung eingeschnitten. Paspelstreifen und Obertaschenbeutel werden nach innen gezogen. Der Paspelstreifen wird an den eingeschnittenen Dreiecken festgenäht und der Untertaschenbeutel auf die Paspelnaht genäht. Zum Schluss werden beide Taschenbeutel mit einer Naht verbunden und zurückgeschnitten.

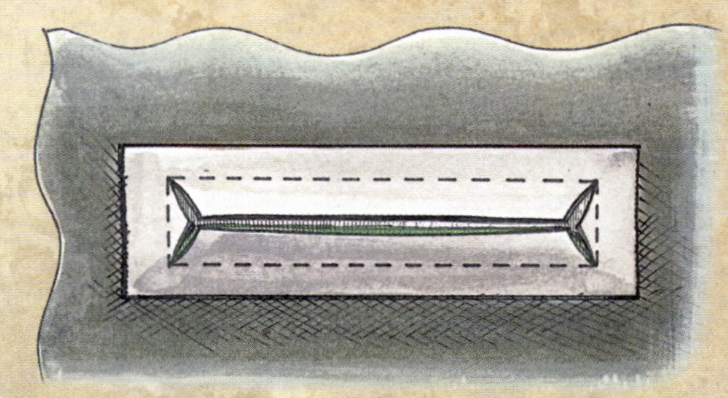

Ansicht Schlitz innen

Auf dem Schlitz festgesteckte Paspel und Taschenbeutel außen

Fertige Paspeltasche außen

Zusammengenähte Taschenbeutel und Paspel

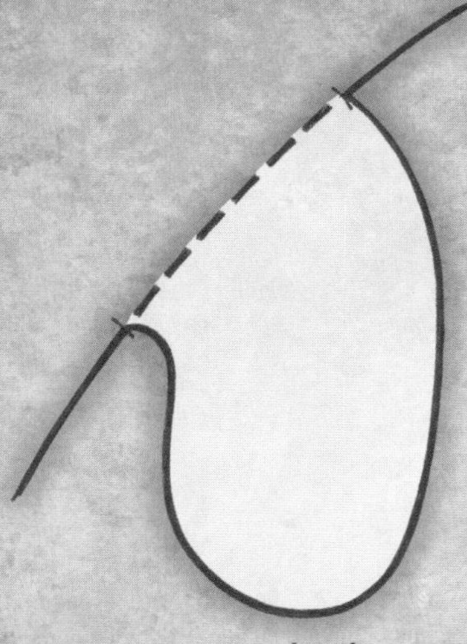
Beuteltasche

Aufgesetzte einfache Tasche

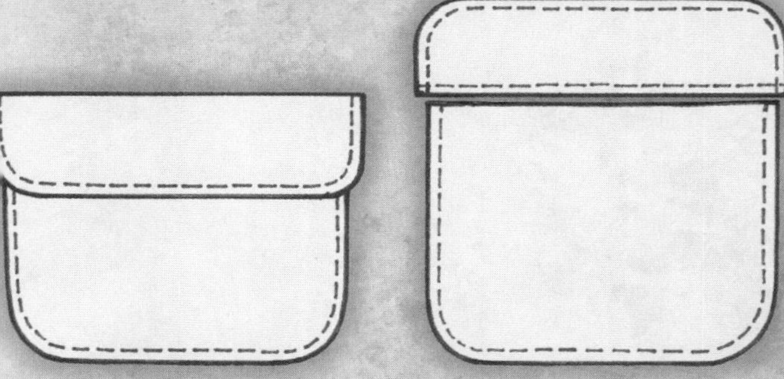
Klappentasche

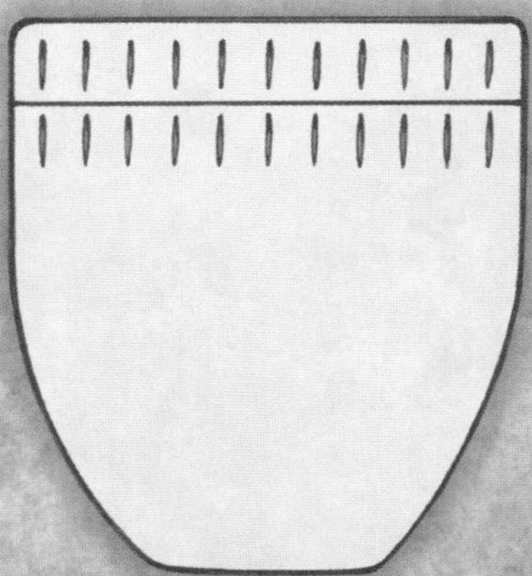
Tasche mit gerafftem Eingriff

Beuteltasche

Die Beutel- oder auch Schlitztasche ist eine eingesetzte Tasche und wird häufig für Röcke oder Hosen verwendet. Sie eignet sich für schnell benötigte leichte Utensilien wie Taschentücher sowie um darin die Hände zu verstecken. Die Beuteltasche wird in den oberen Teil eines Rockes eingenäht, indem zunächst die seitliche Rocknaht bis zum Taschenbeginn geschlossen und dann im weiteren Verlauf jeweils ein Beutel auf Vorder- und Rückteil des Rockes aufgenäht wird. Die beiden Beutelhälften werden zusammengenäht und die Rocknaht wird am Ende der Beutelansatznaht weitergeführt.

Aufgesetzte einfache Tasche

Eine aufgesetzte gerade Tasche ist schnell und einfach gearbeitet. Als Form kann nicht nur ein Rechteck benutzt werden, auch Kreise oder Ovale sehen gut aus. Je nach Geschmack kann die Tasche mit einem Umschlag oder auch mit einer Klappe versehen werden.

Klappentasche

Diese Tasche besitzt die Grundform einer aufgesetzten Tasche, sie kann aber zusätzlich noch mit einer Klappe verschlossen werden. Hierfür wird eine Klappe genäht, die um einige Millimeter größer ist als die Taschenöffnung. Diese Klappe wird oberhalb der Öffnung festgenäht und dann umgeklappt. Sie sollte mit einigen Stichen seitlich fixiert werden, damit sie in der umgeklappten Position bleibt.

Tasche mit gerafftem Eingriff

Diese Tasche passt sehr gut zu einer nostalgischen Schürze. Der Umschlag am oberen Ende wird nach innen gelegt und festgenäht. Durch den entstandenen Tunnelzug kann ein Gummiband gezogen werden. Alternativ können auch an den Markierungen mit dem Knopflochstich Schlitze angebracht werden, durch die ein passendes Satin- oder Stoffband gezogen wird. Das ergibt gleich eine zusätzliche Verzierung. Sowohl das Gummiband als auch das Satinband müssen vor dem Annähen der Tasche eingezogen und dann mit der Naht seitlich fixiert werden.

Kräuseln und Falten

Um einen breites Stoffstück an ein schmaleres anzupassen, ohne es zu beschneiden, gibt es zwei Möglichkeiten: Man kann es in Falten legen oder einkräuseln. Das wird z. B. bei Rockbahnen gemacht, die an einen Bund angepasst, oder auch an Ärmelkugeln, die in Hemden eingesetzt werden sollen. Je nachdem, welcher Effekt gewünscht wird, kann die Faltung/Kräuselung punktuell eingesetzt werden oder über die gesamte Bahn gehen.

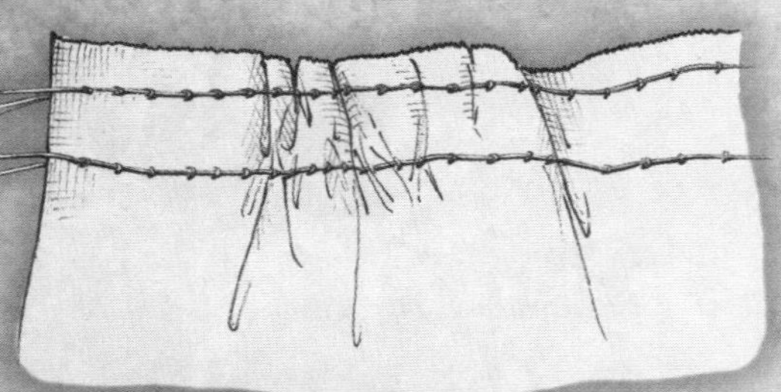

Einseitige Falte

Um ein Stoffstück gleichmäßig zu kräuseln, muss der entsprechende Bereich mit zwei parallel laufenden Nähten von Heftfäden genäht werden. Diese Nähte sollten circa 1 cm auseinanderliegen, damit die endgültige Naht zwischen den beiden Bahnen hindurchgeführt werden kann. Wenn die Bereiche sehr groß sind, können diese Heftbahnen auch mit der Nähmaschine genäht werden. Die Oberfadenspannung der Maschine muss so lange verringert werden, bis die Knotenbildung auf der Unterseite des Stoffes liegt. Der Unterfaden ist lose und kann angezogen werden, bis die gewünschte Breite erreicht ist.

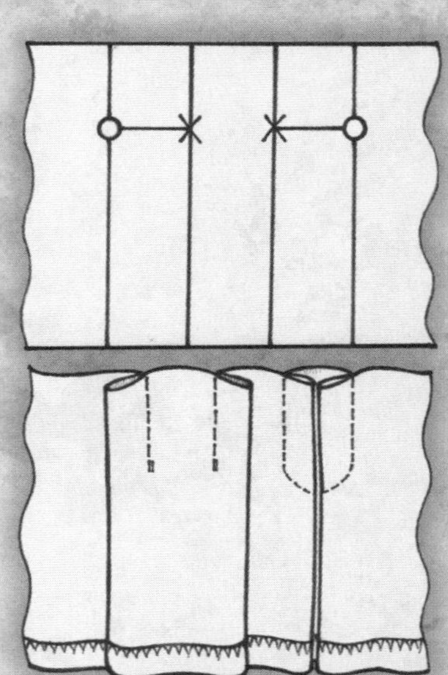

Quetschfalte

Falten findet man nicht nur an Rockbünden, sondern auch als Gehfalten an längeren Jacken oder im Brust- und Taillenbereich, wo sie die Grundlage für Abnäher und zum Drapieren bilden. Je nachdem, wofür die Falte benutzt werden soll, finden unterschiedliche Formen Verwendung:

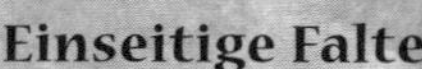

Einseitige Falte

Die einseitige Falte wird immer in dieselbe Richtung gelegt, sie wird sowohl beim Drapieren als auch beim Verringern der Weite benutzt.

Quetschfalte

Für die Quetschfalte werden zwei Falten rückseitig gegeneinander gelegt. Diese Falte trägt auf, weshalb sie nicht an Stellen benutzt werden sollte, an denen dieses nicht gewünscht wird, z. B. in der Gesäßgegend.

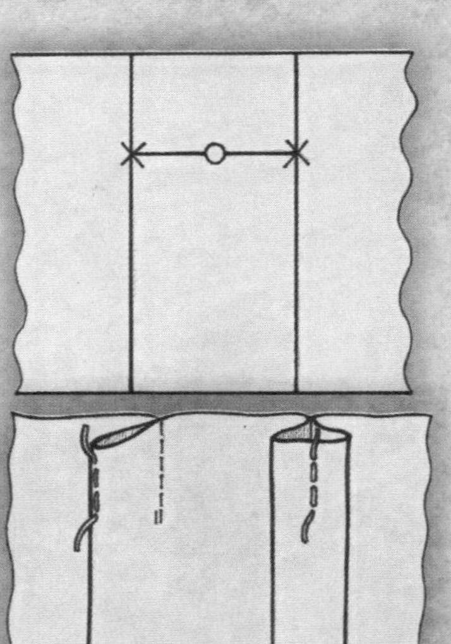

Kellerfalte

Kellerfalte

Hier stoßen die Faltenbrüche an der Außenseite gegeneinander. Die eigentliche Falte verschwindet im Stoff, weshalb sie sowohl beim Drapieren als auch beim Verringern der Weite benutzt wird.

Bund und Bündchen

Den Abschluss eines Rockes oder einer Hose bildet der Bund. Meist besteht dieser aus einem schmalen Stoffstreifen, der der Bauchweite des Trägers plus Überlappung für den Verschluss entspricht. Am einfachsten ist die Verarbeitung mit Bundfix, einer aufbügelbaren Vlieseinlage, die den Bund verstärkt und festigt. Ein Stoffstreifen wird in der gewünschten Länge und der Breite des Bundfix zugeschnitten und das Bundfix aufgebügelt. Nun kann der Bund an den gekräuselten Rock angenäht werden. Da Halblinge keine Reißverschlüsse kennen, ist es beim Verarbeiten eines festen Bundes von Vorteil, den benötigten Schlitz mit einer Blende zu unterlegen.

Wer es bequemer und einfacher haben möchte, kann anstelle eines festen Bundes auch einen Gummizugbund oder einen Kordeldurchzug anfertigen. So spart man sowohl das Einkräuseln als auch das Aneinanderstecken beider Teile. Zum Erstellen eines Gummizugbundes benötigt man einen Tunnelzug. Hierfür wird entweder bereits beim Erstellen des Schnittes eine Zugabe von einigen Zentimetern im Bundbereich gemacht, die dann später nur umgeschlagen und festgenäht werden muss, oder es wird ein Besatz angefertigt, durch den das Gummiband gezogen werden kann. Beim Kauf eines Gummibandes sollte darauf geachtet werden, dass es zum einen eine Breite von mindestens 1,5 cm und zum anderen einen starken Zug hat, es sich also nicht allzu weit ziehen lässt. Wenn das Gummiband zu stark dehnbar ist, neigen Hosen und Röcke zum Rutschen. Für einen Kordeldurchzug wird genauso verfahren, nur sollte im vorderen oberen Nahtbereich eine Öffnung belassen werden, durch die die Kordel später raushängen kann.

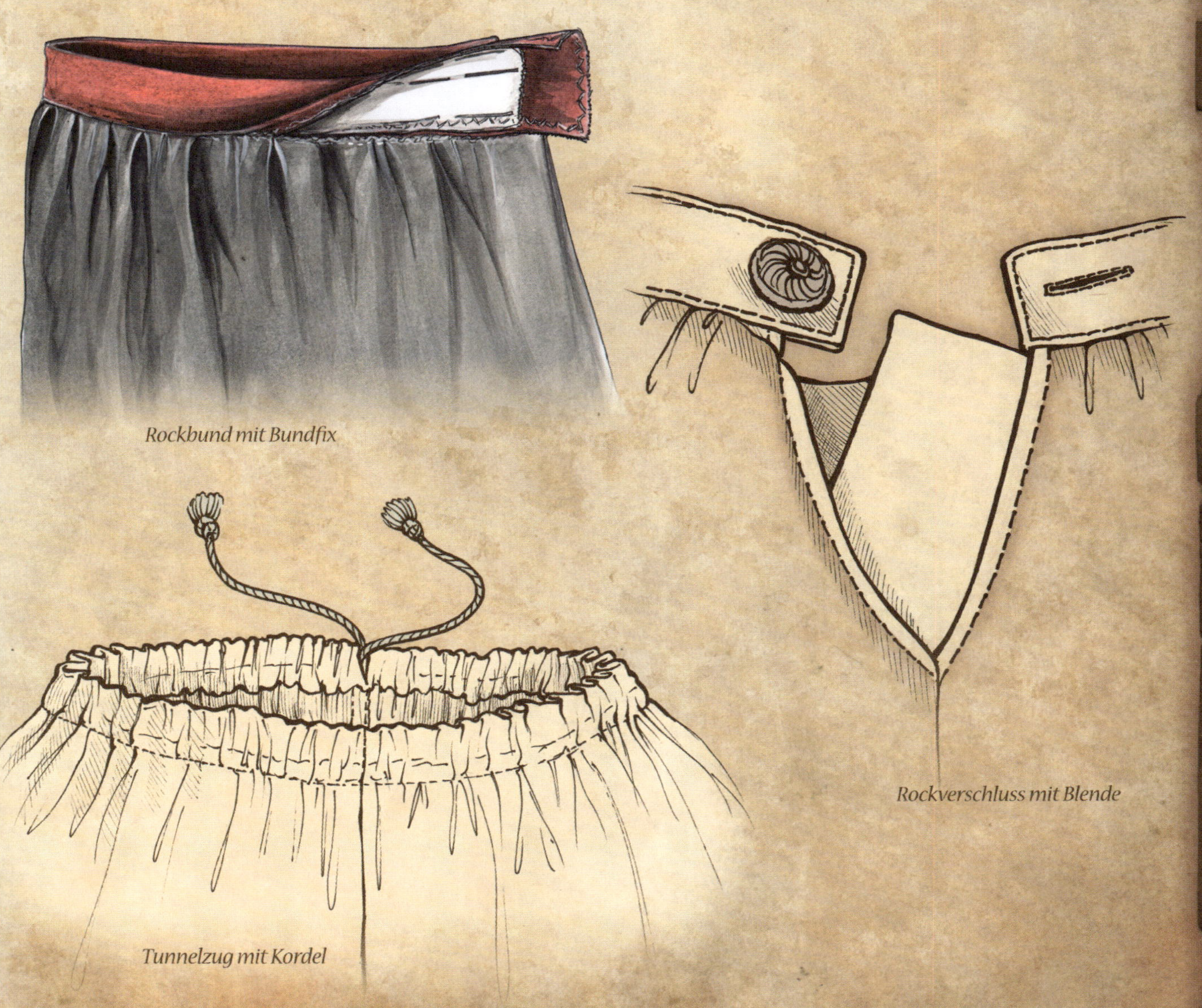

Rockbund mit Bundfix

Rockverschluss mit Blende

Tunnelzug mit Kordel

Futter

Bei vielen Gewandungen ist es sinnvoll, diese abzufüttern. Das heißt, es wird eine zweite Stofflage mit dem Obermaterial verbunden, um den Sitz zu verbessern oder Röcke am Hochziehen zu hindern, oder einfach nur als Blickfang bei einer auch mal offen getragenen Jacke. Es sollte ein möglichst glatter, rutschiger Stoff wie Satin, Seide oder ein spezieller Futterstoff benutzt werden. Edle Brokat- und Damaststoffe geben der Halblingsbekleidung einen eleganten Touch.

Um ein Kleidungsstück mit einem Futter zu versehen, muss der korrigierte, endgültige Schnitt ein zweites Mal aus dem Futterstoff ausgeschnitten werden. Es ist zu beachten, dass bei Oberteilen wie Jacken oder Westen das Rückenteil des Futters etwas weiter sein sollte als der eigentliche Schnitt. Bei Bedarf, z. B. bei dehnbaren Oberstoffen, muss eine ungefähr 1,5 cm breite Bewegungsfalte eingezogen werden. Das Rückenteil wird um 3 cm im Zuschnitt verbreitert und dann in eine 1,5 cm breite Falte gelegt, die oben und unten fixiert wird. Das Futter sollte unten immer etwa 2 cm kürzer als das Kleidungsstück sein. Es kann am unteren Rand entweder offen gelassen werden, z. B. bei Röcken, oder es wird mit der Hand am unteren Saum angenäht, z. B. bei Westen. Vor dem Säumen des Futters oder dem Befestigen des Futters an den Säumen sollte das Kleidungsstück unbedingt anprobiert werden, um den Sitz des Futters zu überprüfen.

Gewandungsteile und ihr entsprechendes Futter werden immer separat genäht, gut ausgebügelt und dann rechts auf rechts ineinandergezogen und zusammengenäht. Hierbei muss eine breite Öffnung gelassen werden, durch die das Kleidungsstück nach dem Nähen gewendet werden kann. Diese Öffnung wird dann am Schluss entweder mit der Hand zusammengenäht oder beim Anbringen einer Borte mit dieser Naht fixiert.

Bei Jacken werden zunächst die vorderen Kanten zusammengenäht. Danach wird die Jacke gewendet und anschließend das Futter an den Ärmelsäumen und am unteren Saum festgesteckt und per Hand mit einem Saumstich eingenäht. Westen und Mieder werden gefüttert, indem man zunächst Oberteil und Futter an den Schulternähten zusammennäht und dann beide Teile rechts auf rechts aneinanderheftet. Nun werden die Armausschnittkanten und die vorderen Kanten zusammengenäht. Die Weste wird durch die Schulterkanäle gewendet und die seitlichen Nähte werden geschlossen. Schließlich kann der untere Saum am besten mit der Hand genäht werden.

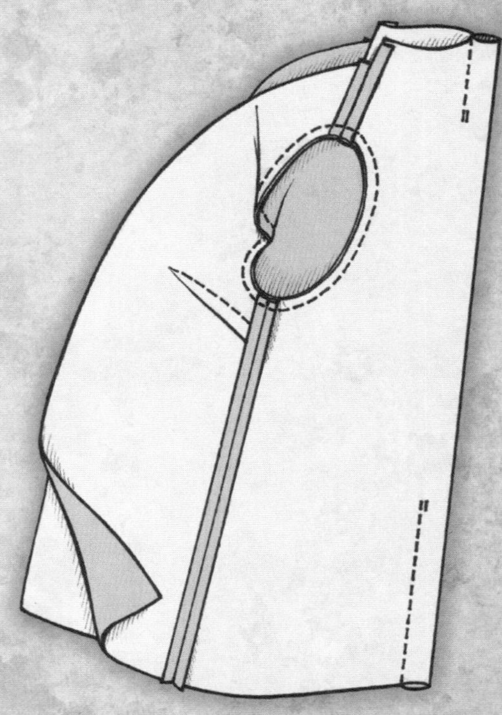

Mantelfutter mit Bewegungsfalte

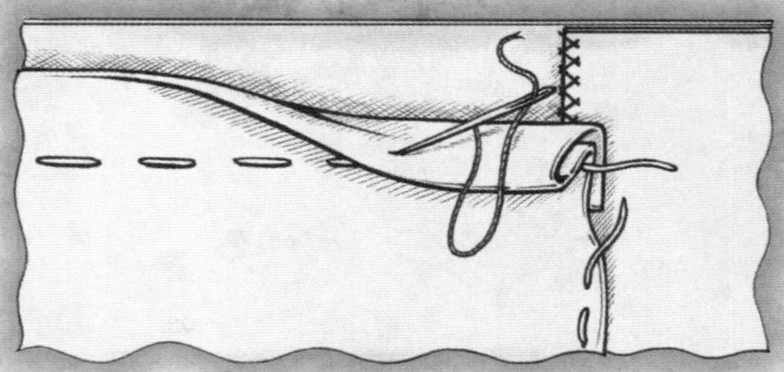

Futtersaum

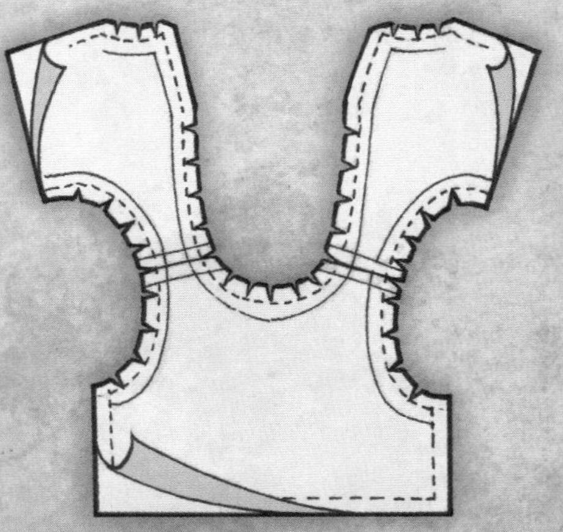

Westenfutter

Verschlüsse

Schnürungen

Für Oberteile eine Schnürung zu verwenden, ist aus verschiedenen Gründen vorteilhaft. Mit einer Schnürung ist die Gewandung in der Weite flexibler, sie kann zum einen mitwachsen, zum anderen gibt sie Bewegungsfreiheit und gleicht eventuelle Ungenauigkeiten im Schnitt aus.

Schnürungen finden überall dort Verwendung, wo zwei starre Kanten unter Gegendruck aufeinanderstoßen, z. B. bei einem eng anliegenden Mieder. An weichen oder weiten Öffnungen sollte keine Schnürung benutzt werden. Eine Knopfleiste wird hier bessere Dienste leisten.

Die Ränder einer Schnürung sollten immer mit einem Stäbchenband mit einer Breite von 8–10 mm versehen werden, damit die Kanten unter Druck gerade bleiben und sich nicht unschön wölben. Dieses Band kann entweder aufgenäht oder in einen vorgefertigten Tunnelzug eingezogen werden. Die Spitzen des Stäbchenbandes müssen mit einem Textilklebeband abgeklebt werden, damit sich die scharfkantigen Bestandteile des Bandes nicht allmählich durch den Stoff bohren. Stäbchenband kann normalerweise auch einfach aufgenäht werden, da die Zwischenräume in dem Band groß genug für eine Nadel sind. Dann liegt das Band außen und ist sichtbar, während es in einem Tunnelzug nicht mehr zu sehen ist.

Als Zugband für eine Schnürung empfehlen sich Kordeln oder Bänder. Stoffbänder können mit Nestelspitzen versehen werden, die für einen besseren Durchzug sorgen. Im Handel sind diese Spitzen meist aus Metall und insbesondere bei der Darstellung von Landsknechten zu finden. Manchmal findet man auch im Bereich der afrikanischen oder indianischen Folklore lange spitze Perlen aus Naturmaterialien, die ebenfalls für den Durchzug durch Ösen in Betracht kommen. Wer seine Bandenden lieber verbergen oder lose tragen möchte, der ist mit einer auswechselbaren Schnürnadel für das Einziehen der Bänder gut bedient.

Bei einer Schnürung gibt es verschiedene Möglichkeiten der Führung

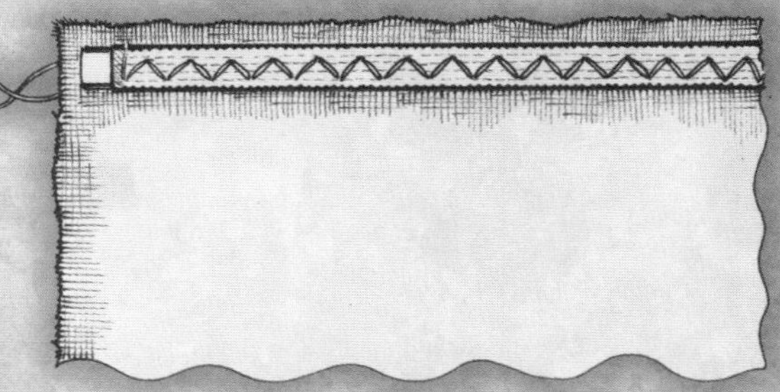

Stäbchenband

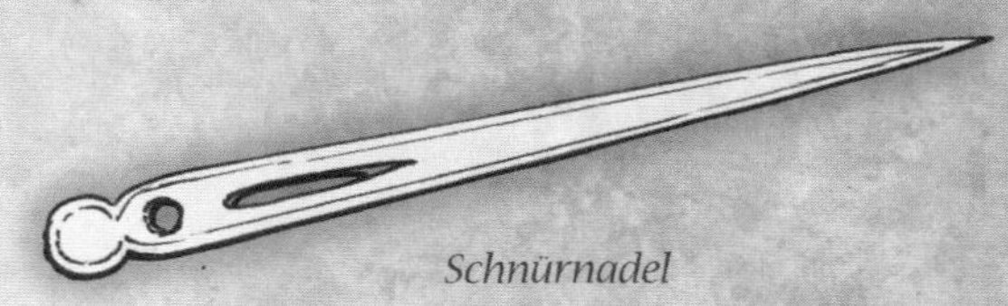

Schnürnadel

Metallösen

Ösen aus Metall werden mit speziellem Werkzeug unter Druck festgemacht. Leider gibt es nur wenige Ösenarten, die in Stoff gut halten, weshalb sich eine Unterlegung der Schnürung mit einem festen Vlies- oder Wollstoff oder Leder anbietet. Die meisten Nestelspitzen passen nicht durch Metallösen, es sollte also ein stabiles Band z. B. aus Leder benutzt werden, um das Einziehen zu erleichtern. Metallösen haben den Vorteil, dass sie schnell zu befestigen sind. Der Kauf einer Ösenpresse im Fachhandel lohnt sich, wenn häufiger solche Kleidungsstücke angefertigt werden.

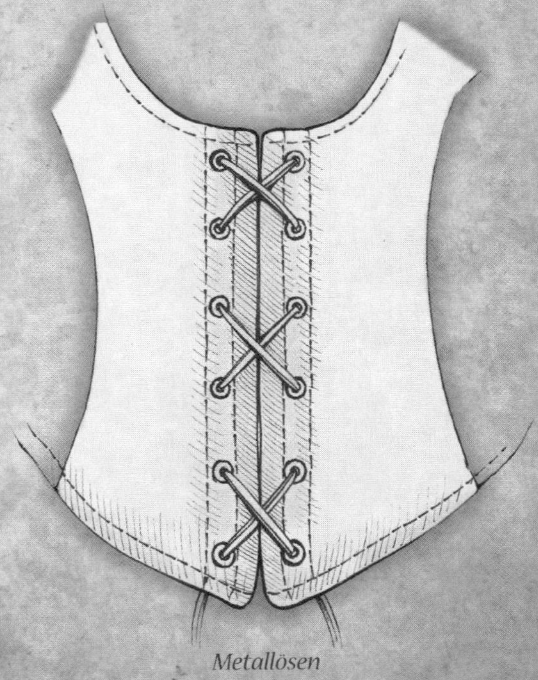

Metallösen

Gestickte Ösen

Gestickte Ösen sehen schön und kostbar aus, sind aber auch sehr zeitaufwendig. Die Löcher für diese Ösen sollten nicht ausgeschnitten werden. Sie können mit einem spitzen Gegenstand, z. B. einer kleinen Nagelschere oder besser noch einer speziellen Ahle, vorsichtig gebohrt werden. Auf diese Weise werden die Ösen wesentlich stabiler und reißen nicht ein. Beim Sticken der Ösen ist es wichtig, das Stoffstück mit dem Fortlauf der Öse immer so zu drehen, dass die Perspektive für den Stickenden stets gleich bleibt. Dann wird das Stickbild gleichmäßiger und die Öse schön rund.

Gestickte Öse

Garnösen

Garnösen sind selten zu finden, obwohl sie gerade bei Schnürungen sehr schön anzusehen sind. Durch ihre Zierlichkeit sind sie nahezu unsichtbar und lassen der Schnürung viel Raum. Und selbst breite Zierborten als Bänder lassen sich dort gut einziehen. Für die Garnösen sollte als Grundmaterial ein reißfester Faden wie Zwirn oder Knopflochgarn benutzt werden, der sehr gut mit dem Stoff verbunden werden muss. Für das Umsticken kann dann ein Stickgarn benutzt werden. Es sollte aber auf eine gewisse Strapazierfähigkeit geachtet werden, da der Abrieb und der Druck an einer Garnöse immens sind.

Garnöse

Stoffschlaufen

Für diese sehr einfache und günstige Schnürung wird ein 4 cm breiter Stoffstreifen aus dem gewünschten Material ausgeschnitten. Die Kanten werden in die Mitte gefaltet und der Streifen zusammengeklappt. Die Seite wird durch eine Naht geschlossen. Nun werden von dem Streifen 5–8 cm lange Stückchen abgeschnitten. Diese Stückchen werden auf die halbe Länge zusammengeklappt und an den Stoff so angeheftet und genäht, dass sie beim Wenden oder Umklappen des Stoffes nach außen abstehen.

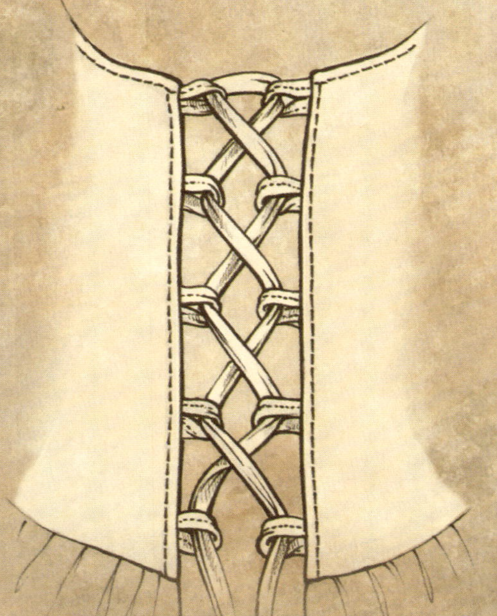

Mieder mit Stoffschlaufen

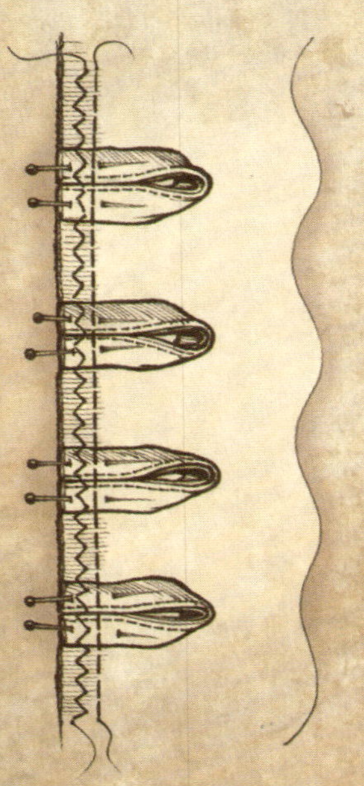

Angesteckte und angenähte Stoffschlaufen

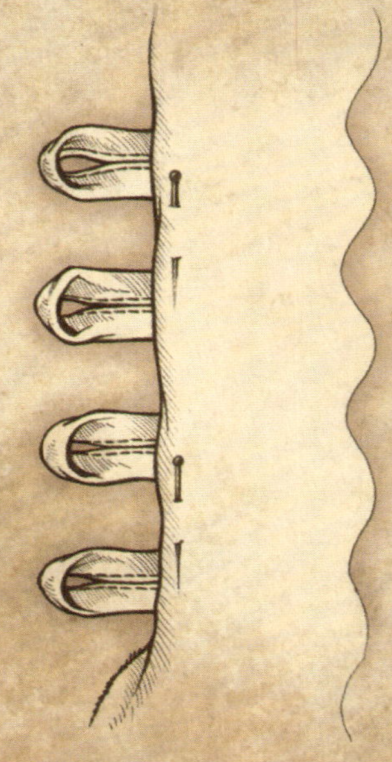

Stoffschlaufen gewendet

Miederhaken

Miederhaken sind meist aus altsilberfarbenem Metall. Sie sind einfach anzunähen, und man muss beim Zuschneiden und Nähen des Mieders keine weiteren Vorkehrungen treffen. Allerdings sollte man bei der Farb- und Materialzusammenstellung der Gewandung sehr darauf achten, dass das Halblingskleid durch das Anbringen von Miederhaken nicht allzu sehr einem Dirndlkleid ähnelt. Eine große Auswahl an Miederhaken gibt es im Bereich der modernen Trachtenmode.

Knöpfe

Unterschiedliche Knöpfe tragen sehr dazu bei, den charakteristischen Stil einer Gewandung zu unterstreichen. Eine Tweedjacke kann mit Knöpfen aus Horn oder Holz rustikal aussehen, während sie mit ziselierten Metallknöpfen edel wirkt oder mit Stoffknöpfen die Gemütlichkeit hervorgehoben wird. Eine Knopfleiste mit Knopflöchern ruft die Assoziation von Modernität hervor, während dasselbe Gewandungsteil mit einer Verschlussleiste aus Stoffschlaufen oder Garnösen deutlich altertümlicher und rustikaler daherkommt. Knopflöcher lassen sich sowohl mit der Hand als auch mit der Nähmaschine nähen. Für das Nähen mit der Nähmaschine sollten unbedingt die Gebrauchsanleitung der jeweiligen Maschine gelesen und ein Probeknopfloch angefertigt werden. Leider ist dieser Fertigungsgang bei jeder Nähmaschinenmarke anders.

Textile Gestaltung

Die textile Gestaltung trägt sehr zum Eindruck einer Gewandung bei. Es gibt zahlreiche Möglichkeiten, die fertig genähte Gewandung zu individualisieren und zu einem einzigartigen Hingucker zu machen. Man muss nicht einmal künstlerisch begabt sein, ein gewisses Talent für klassische Handarbeit ist allerdings von Vorteil. Einfache Motive und Grundformen wie Blätter oder Insekten finden sich im Internet, oft eignen sich Ausmalbilder für Kinder, wegen der vereinfachten Grundform. Auch das Blattmotiv von der Erntetasche in diesem Buch stammt von einem simplen Ausmalbild. Kompliziertere Motive für fortgeschrittene Stickarbeiten lassen sich in Biologiebüchern finden, und Bestimmungsbücher für Pflanzen und Insekten geben ebenfalls gute Motive.

Applikation

Stickerei

Bei der Auswahl eines Motivs sollte für den Anfang darauf geachtet werden, dass es nicht zu komplex ist. Ein schlichtes Motiv ist schnell angefertigt und gewinnt, nachdem die Konturen gestickt sind, durch die Verwendung von

Ton-in-Ton-Garnen und verschiedenen Stickstichen. Das Motiv kann auf verschiedene Weise auf Stoff übertragen werden:

- Das Motiv mit einem speziellen, aufbügelbaren Stift auf Butterbrotpapier übertragen. Das Papier rechts auf rechts auf den Stoff legen und bei niedriger Temperatur mit ruhigen Bewegungen bügeln. Leider funktionieren die meist lilafarbenen Bügelstifte nur auf hellen Stoffen.
- Das Motiv auf Seidenpapier zeichnen und an den Motivlinien mit kleinen Heftstichen festnähen. Dann das Papier vorsichtig abreißen, ohne die Heftstiche zu beschädigen. Schneiderkopierpapier mit der glänzenden Seite nach unten auf den Stoff legen, die Motivzeichnung darüber. Beide Teile zusammenstecken, damit nichts verrutschen kann. Die Motivlinien nun mit einem Kopierrädchen oder einem spitzen Bleistift nachzeichnen.
- Aus festem Papier oder Pappe eine Schablone anfertigen. Diese mit einem auswaschbaren Stift nachzeichnen.
- Das Motiv auf Iron-on-T-Shirt-Transferpapier ausdrucken. Anschließend sauber ausschneiden und aufbügeln. Achtung, auf diese Weise werden die Stickereien sehr fest.
- Das Motiv auf ein wasserlösliches Vlies übertragen und mit diesem zusammen aufsticken. Nach dem Sticken den Stoff auswaschen.

Nicht jede Technik eignet sich für jede Stoffart. Es sollte erst einmal eine Probe auf einem Stoffrest angefertigt werden. Das zu verzierende Stoffteil sollte in einen kleinen Stickrahmen eingespannt werden. Durch die Spannung wird verhindert, dass die Stickfäden den Stoff zusammenziehen. Das Stickgarn sollte aus demselben Material wie die Gewandung sein. Wenn ein Leinenhemd mit einem Wollgarn verziert wird, darf es nur noch per Hand und mit einem Wollwaschmittel gewaschen werden.

Nach dem Sticken muss die Stickerei gedämpft werden, damit sich die Fäden schön legen. Der Stoff wird dazu mit der Stickerei nach unten auf ein Bügelbrett gelegt. Darauf kommt ein feuchtes Tuch, über welches dann mit der höchstzulässigen Temperatur gebügelt wird.

Besonders schöne Effekte gibt es, wenn zusätzlich Perlen oder Federn aufgestickt werden. Es gibt im Einzelhandel spezielles, durchsichtiges Nähgarn, welches dann nicht nach jeder Perle vernäht wird und unter der Gewandung mitläuft. Es muss darauf geachtet werden, dass alle fest angenähten Materialien waschbar sind. Sollte das nicht der Fall sein, müssen die Verzierungen abnehmbar gestaltet werden, indem man sie mit kleinen Sicherheitsnadeln unsichtbar befestigt.

Stickstiche

Stielstich

Das Stichbild erinnert an eine Kordel. Mit dem Stielstich lassen sich sehr gut Rundungen sticken, weshalb er sich hervorragend für Umrandungen eignet. Er sollte mit kleinen Stichen gearbeitet werden.

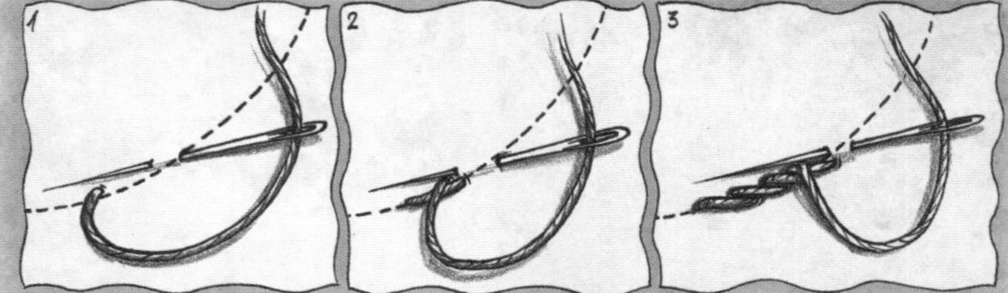

Stielstich

Plattstich

Dieser Stich wird gern zum Ausfüllen von Flächen benutzt. Da der Stich sehr mit Licht und Schatten spielt, sollte vor Stickbeginn genau überlegt werden, in welche Richtung gearbeitet werden soll. Die Stiche müssen eng beieinanderliegen und sollten nicht zu lang sein.

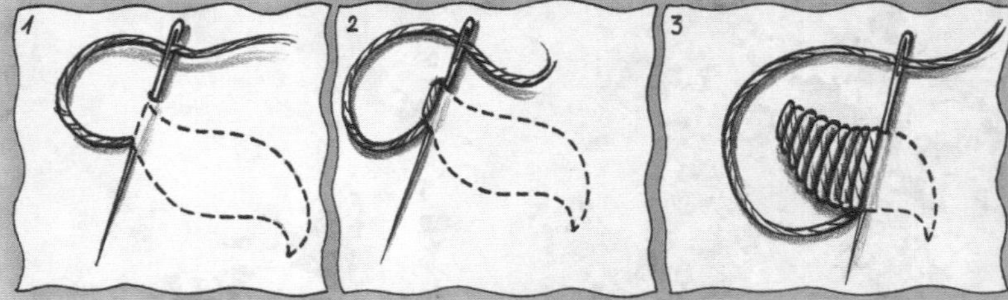

Plattstich

Rückstich

Ein sehr einfacher Stich, der wie ein Zeichenstift eingesetzt werden kann.

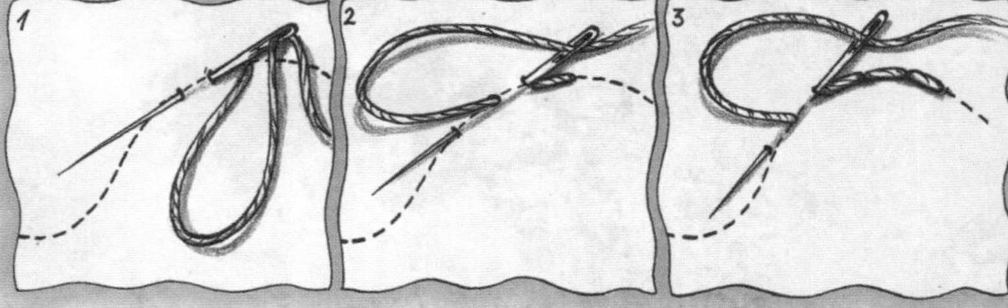

Rückstich

Kettenstich

Dieser Stich ist etwas komplizierter und eignet sich sowohl zum Ausfüllen als auch zum Konturieren. Es sollte mit Hilfslinien gearbeitet werden.

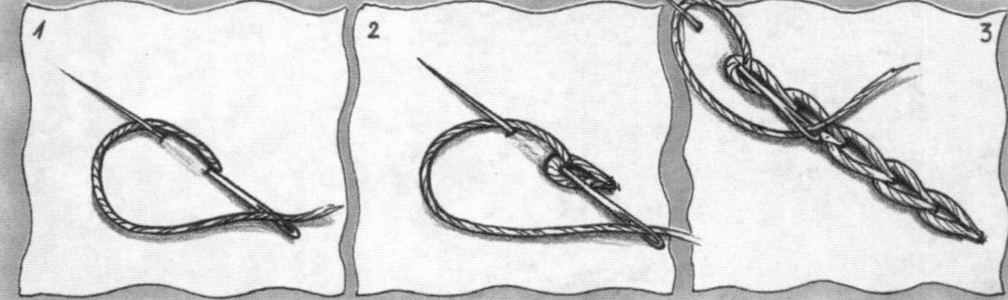

Kettenstich

Umschlungener Vorstich

Geht schnell und ist recht einfach. Bei handgenähten Gewandungen kann man wunderbar die außen sichtbaren Einstiche als Grundlage verwenden.

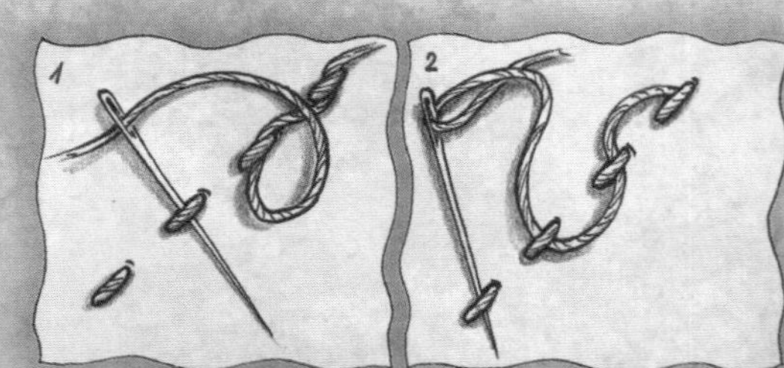

Umschlungener Vorstich

Spezielle Techniken

Bayeux-Stich

Ein Stich, der auf dem Teppich von Bayeux verwendet wurde, um Flächen auszufüllen. Eine solche Arbeit wird auch „Überfangarbeit" genannt.

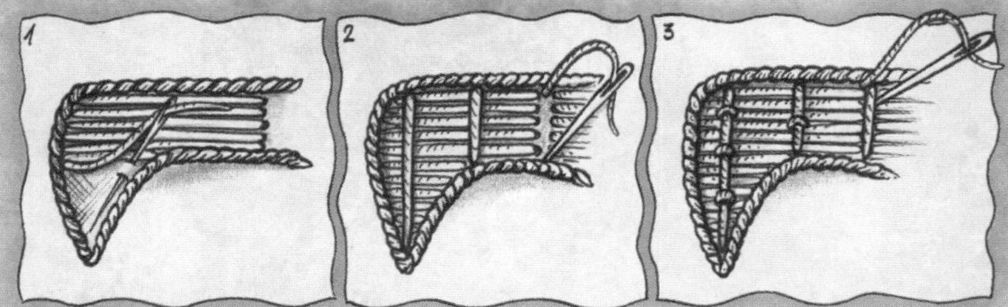

Bayeux-Stich

Gitter-Kreuzstich

Dieser Stich eignet sich, um schnell große Flächen auszufüllen oder für eine umlaufende Bordüre. Sieht mit Goldgarn und Perlen gearbeitet sehr edel aus.

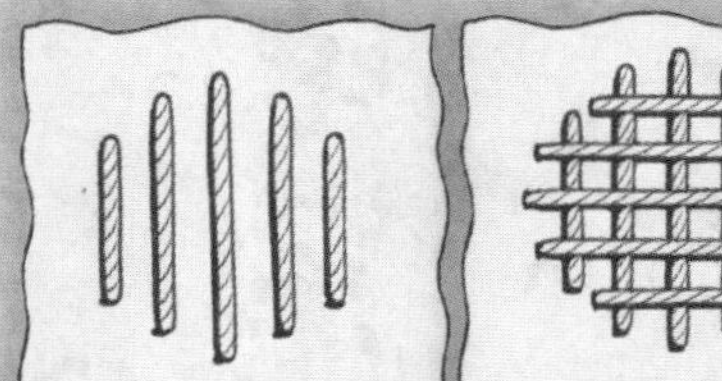
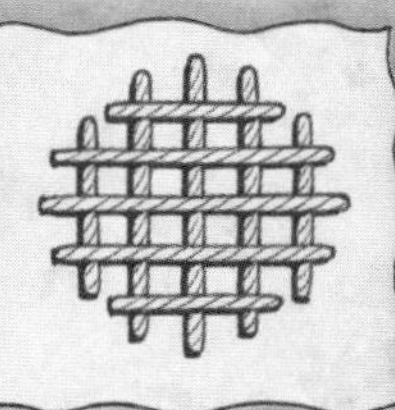
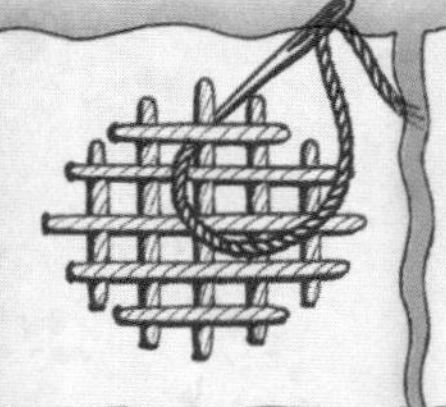
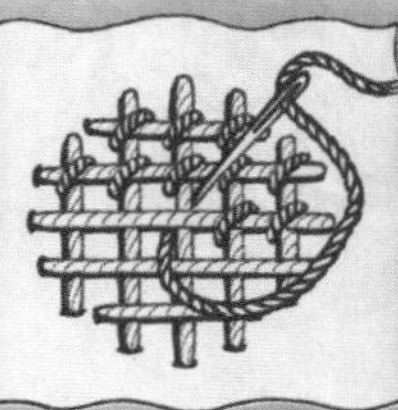
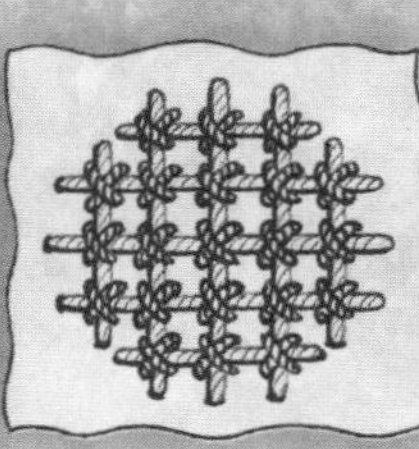

Gitter-Kreuzstich

Anlegetechnik

Ist ebenfalls ein Stich, um große Flächen ausfüllen.

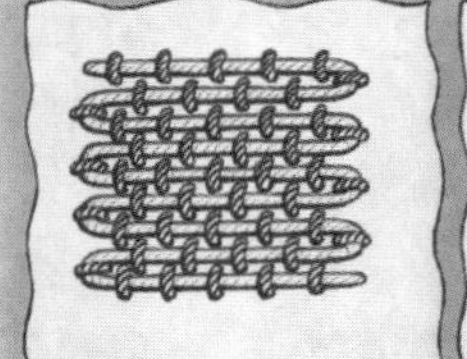
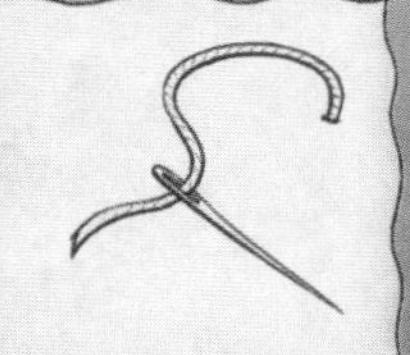
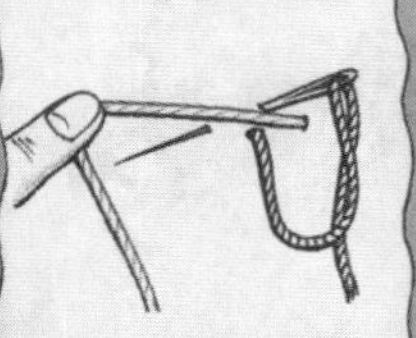
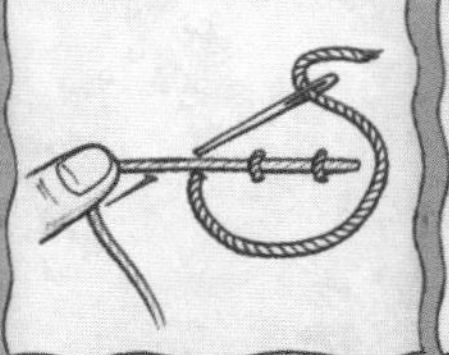

Anlegetechnik

Bandstich

Wird mit schmalen Bändern oder Bändchenwolle gearbeitet. Ergibt sehr plastische Formen, die bei Blumen oder Blättermotiven hervorragend aussehen.

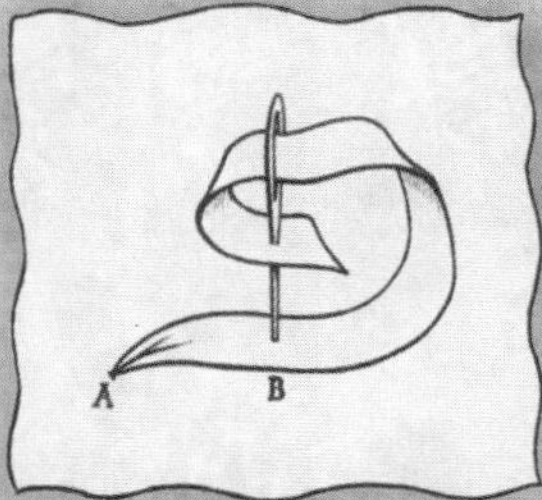

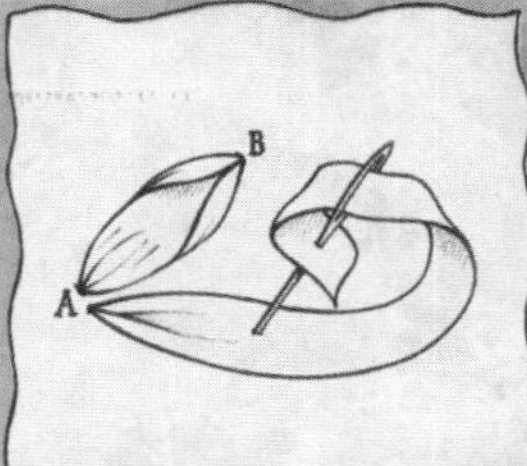

Bandstich

Gefiederter Kettenstich

Sieht aus wie kleine Blätterranken. Dieser Stich gelingt am besten zwischen zwei Hilfslinien.

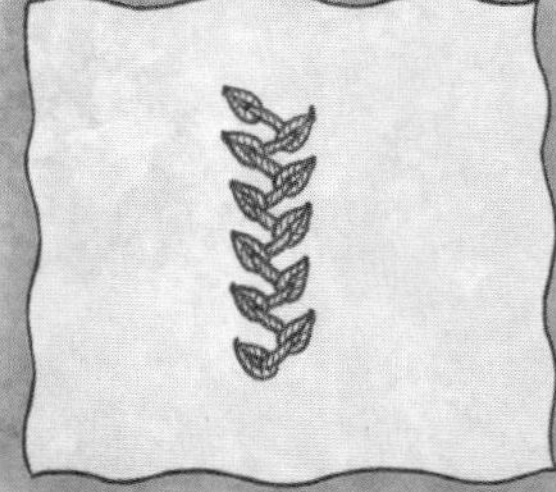
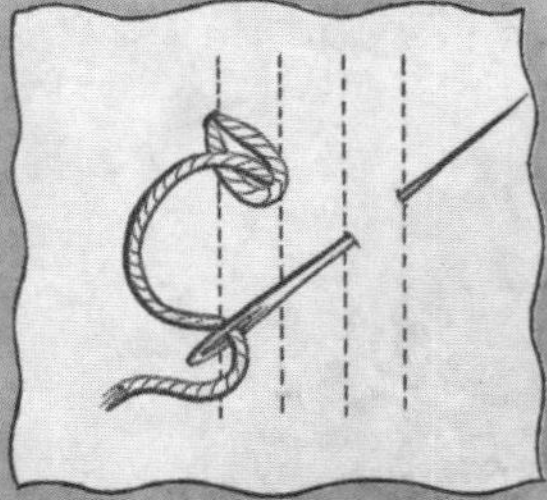

Gefiederter Kettenstich

Farbige Besätze

Mit der Verwendung von farbigen Besätzen lassen sich schöne Effekte erzielen. Für diesen Zweck wird der Besatz aus einem andersfarbigen Stoff gearbeitet und nach außen gelegt. Manche Brokat- und Damaststoffe besitzen bereits ein wiederkehrendes Muster, welches sich wunderbar dazu eignet, teure Borten zu imitieren. Der Besatz wird aus dem erstellten Schnitt herauskopiert. Einzelne Stücke müssen zusammengenäht werden, bevor der Besatz mit der rechten, äußeren Besatzseite an die linke, innere Ausschnittseite angenäht wird. Anschließend wird er nach außen umgelegt bzw. gewendet. Er kann entweder gleichmäßig umgeschlagen und festgenäht oder versäubert und zusammen mit einer schönen Borte angenäht werden.

Farbiger Besatz nach außen gelegt

Besatz mit Borte verziert

Flickwerk

Halblinge schätzen Dinge, die von Dauer sind. Sie sind eher bereit, auf Ärmel und Saum einer geliebten alten Hose weitere Flicken zu nähen, als sich der Qual der Gewöhnung an eine neue auszusetzen.

Damit die mühsam angefertigte Gewandung nicht nach der ersten Exkursion durch dorniges Unterholz weggeschmissen werden muss, wird hier kurz erklärt, wie gestopft und geflickt wird.

Im Unterschied zu modernen Stoffen lassen sich Wolle und Leinen sehr gut reparieren, wenn man sich ein Loch hineingerissen hat oder der Stoff durchs Tragen an einigen Stellen fadenscheinig geworden ist.

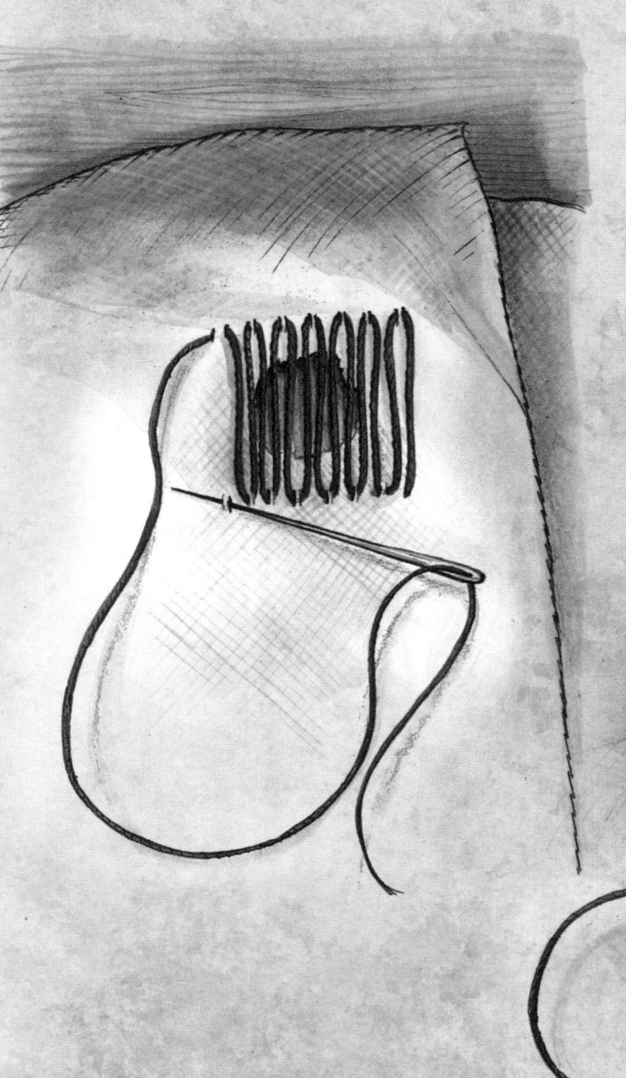

Ein Flicken muss beim Zuschneiden großzügig bemessen werden, sodass er überall an festem Gewebe angenäht werden kann und die fadenscheinigen Stellen komplett bedeckt sind. Stoff reißt immer an der dünnsten Stelle, und das wird nicht der Flicken sein.

Stopfen funktioniert ähnlich wie Weben, zunächst werden die Kettfäden eingezogen und dann durch die Schussfäden, die im Wechsel oben und unten hindurchgeführt werden, zu einem Gewebe verfestigt. Das Grundgewebe muss stramm gehalten oder gespannt werden, z. B. mithilfe eines Stopfeis oder -pilzes. Auch eine Suppenkelle kann benutzt werden. Es sollte eine möglichst lange, schmale Stopfnadel benutzt werden. Gestopft wird immer von der linken Seite. Es ist wichtig, dass beim Stopfen im heilen Gewebe begonnen wird, damit die Stopferei später das kaputte Gewebe vollständig bedeckt bzw. das Loch füllt. Beim Einziehen der Schussfäden muss immer ein wenig von dem kaputten Stoff mitgefasst werden, damit die Stopferei nachher auch schön am Stoff hält. Stopfen funktioniert nur bei kleinen Stellen, bei größeren Löchern ist ein Flicken die bessere Wahl.

Patchwork und Quilten

„Patchwork" bezeichnet das Zusammennähen einzelner Stoffstückchen zu einer größeren Stoffbahn. Aus dieser können dann die einzelnen Schnittteile ausgeschnitten werden. Wenn die Bahn gleich beim Zusammenfügen dem Verlauf des Schnittes folgt, spart man sich das Ausschneiden. Die einzelnen Stoffstücke haben geometrische, gut aneinanderpassende Formen, wie Rechtecke, Quadrate, Rhomben oder Dreiecke.

Beim Patchworken wird mit vier verschiedenen Faktoren, nämlich Farbharmonie, Material, Muster und Form gearbeitet. Bei der Auswahl der Stoffe für ein Flickenensemble sollten mindestens zwei Faktoren gleich sein, besser sind drei, um ein harmonisches Zusammenspiel zu gewährleisten. Wenn beispielsweise für einen Morgenrock Flicken aus taubenblauem Samt, rostrotem Leinen, grünem Baumwollsatin und hellgrüner Gabardine verarbeitet werden, sollten sie alle eine einheitliche Form sowie ein ähnliches Muster haben, sonst wird der Morgenrock zu unruhig aussehen.

Beim Quilten wird zwischen zwei Lagen Stoff eine Lage Volumenvlies genäht. Wenn hier jetzt Muster aufgesteppt werden, werden diese plastisch, vergleichbar mit dem Effekt einer Steppdecke. Beide Techniken können miteinander kombiniert werden und z. B. in einem Hausmantel Verwendung finden.

Filzen

Wer sich mit textiler Gestaltung beschäftigt, wird früher oder später auf das klassische Nassfilzen stoßen. Nassfilzen macht viel Spaß und hat eine ausgesprochen beruhigende Wirkung. Allerdings muss man Wolle und anderes Zubehör meist erst bestellen, und das Nassfilzen selbst ist sehr aufwendig und langwierig.

Mit der Filzwolle zum Stricken sind weitere Möglichkeiten hinzugekommen, eine Verzierung oder Borte aus Filz herzustellen. Auch größere Gegenstände oder Gewandungsteile sind damit machbar, wie z. B. eine Tasche oder Weste. Mit einer hübschen Stickerei aus Wollgarn und/oder verschiedenen Holzperlen kann man mit relativ geringem Aufwand wunderschöne naturnahe Einzelstücke erschaffen.

- Nunofilzen. Beim Nunofilzen wird Wolle oder Wollgarn auf ein Stück Seide aufgefilzt. Da sich die Wollfasern zwischen den Seidenfasern miteinander verbinden, sind deutlich dünnere, reißfestere Filzwerke möglich, als wenn nur Wolle verwendet wird. Bei der Nunotechnik wird normalerweise mit der Hand gefilzt.
- Artfeldfilzen. Beim Artfeldfilzen wird die Wolle zunächst auf ein heißwasserlösliches Stück Spezialpapier aufgeprickt. Anschließend wird das Papier zusammengerollt und fixiert und in der Waschmaschine eingefilzt. Zum Schluss kann das Papier mit fast kochendem Wasser aufgelöst und ausgewaschen werden.
- Soluvliesfilzen. Soluvlies ist ein kaltwasserlösliches Vlies, auf das Strickwolle, normale Wolle und Wollgarn aufgenäht oder mit einem speziellen Sprühkleber fixiert werden können. Außerdem können hierbei auch Stoffreste, Spitzen, Borten und so fort benutzt werden. Der Fantasie sind dabei wenig Grenzen gesetzt. Man sollte nur darauf achten, dass das Werkstück nicht zu dick wird. Anschließend wird eine zweite Lage Vlies auf die Arbeit gelegt. Gefilzt wird die Arbeit dann in der Waschmaschine.

Nählerikon

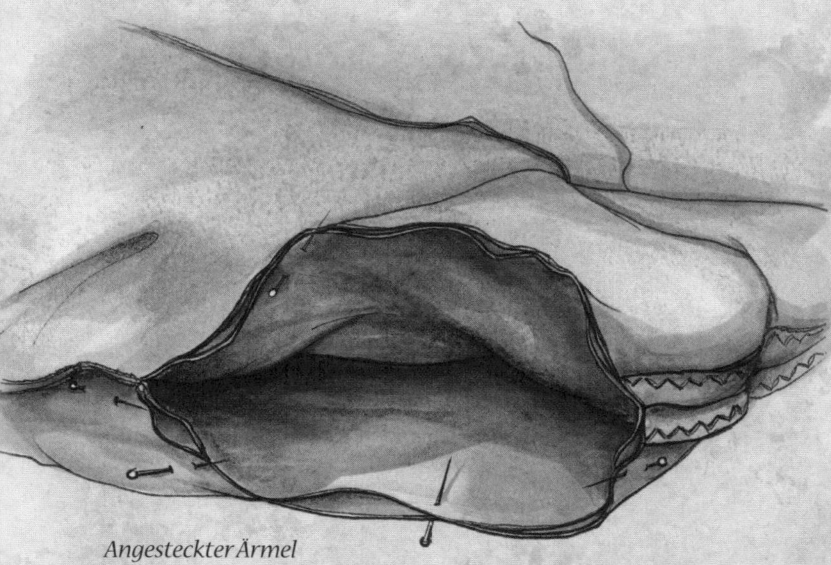

Angesteckter Ärmel

Abnäher abstecken

Die Gewandung wird auf links gewendet und die Abnäher so mit Nadeln festgesteckt, dass der überschüssige Stoff an den Körperrundungen abgenäht werden kann bzw. die Rundungen betont werden. Nach dem Ausziehen der Gewandung muss der gleichmäßige Sitz der Abnäher überprüft werden. Dann können die Abnäher abgesteppt und umgebügelt werden.

Ärmel einsetzen

Die Ärmel werden in der Ärmelkugel an den seitlichen Nähten und an den Schulternähten rechts auf rechts festgesteckt. Dabei muss der Stoff der Öffnung etwas unter Spannung gesetzt werden, während der Stoff der Ärmelkugel locker liegen sollte. Auf keinen Fall darf der Stoff der Ärmelkugel sich spannen. Bei weiten oder bauschigen Ärmeln kann der obere, an den Schulternähten anliegende Teil eingekräuselt werden. Mit den locker eingezogenen Heftfäden kann die Weite des Ärmels reguliert werden. Diese Technik nennt man „Einhalten".

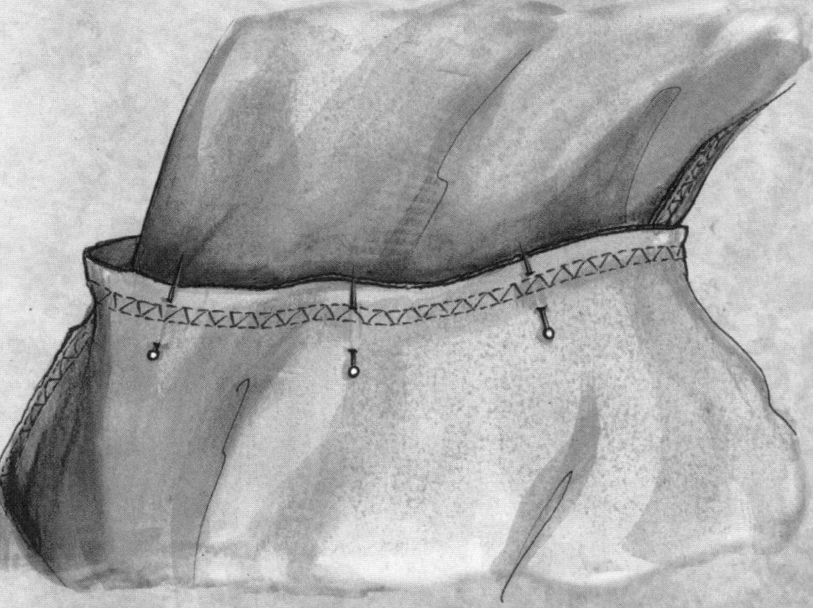

Angenähter Ärmel

Ausschnitt mit Schlitz

Den Besatz am Schlitz schmal aufsteppen, dann die Nahtkante an den Ecken bis zur Naht einschneiden. Den Besatz nach innen wenden und festnähen.

Besatz

Ein passgleiches Gegenstück, das bei runden Ausschnitten gegengenäht/verstürzt wird. Die Stoffteile werden nach dem Nähen gewendet, sodass die Naht innen liegt.

Einfassen

Die Schnittkante wird in ein schmales Band eingefasst. Hierfür wird ein Band schräg zum Fadenlauf zugeschnitten, welches viermal so breit wie die gewünschte Breite der Einfassung sein muss. Das Band wird rechts auf rechts auf den Stoff gelegt und schmal festgenäht. Dann wird es doppelt umgeschlagen und auf der Rückseite zusammengenäht.

Nahtzahlen

Gleiche Zahlen müssen bei Teilen, die zusammengenäht werden, aufeinandertreffen.

Passzeichen

Passzeichen müssen bei langen Nähten beim Zusammennähen aufeinandertreffen und sollten mit Kreide oder Nadeln gemacht werden.

Rechts auf rechts

Die rechte Seite einer Gewandung ist immer die beim fertigen Gewand von außen sichtbare. Mit „rechts auf rechts" sind also stets zwei Teile gemeint, die an der linken Seite miteinander vernäht werden (siehe: *Verstürzen*, S. 85).

Säumen

Den Stoff an der Kante einmal umschlagen und bügeln. Dann die Nahtzugabe einschlagen und entweder mit der Nähmaschine absteppen oder per Hand festnähen.

Schulternähte nähen

Schulternähte sollten nach dem Zusammennähen immer ausgebügelt werden, damit der Stoff glatt auf der Schulter aufliegt und nicht drückt. Insbesondere bei mehreren übereinandergetragenen Gewandungen kann das sonst sehr unangenehm werden.

Ausschnitt mit Schlitz

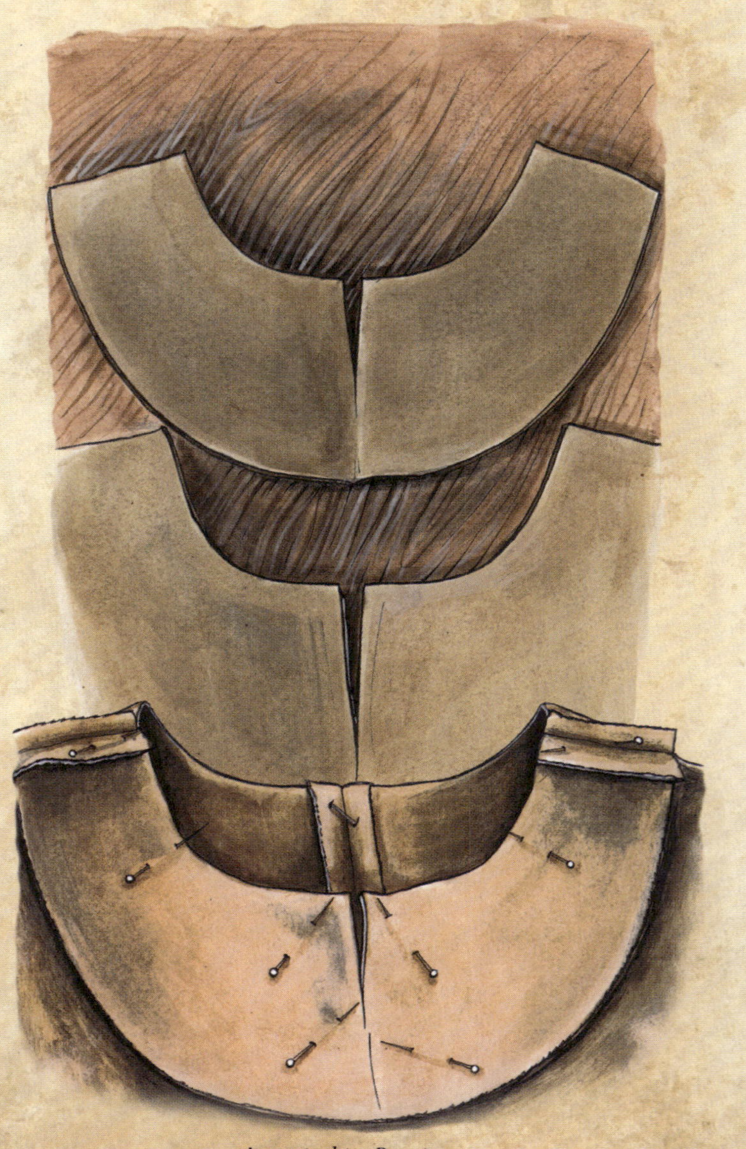

Angesteckter Besatz

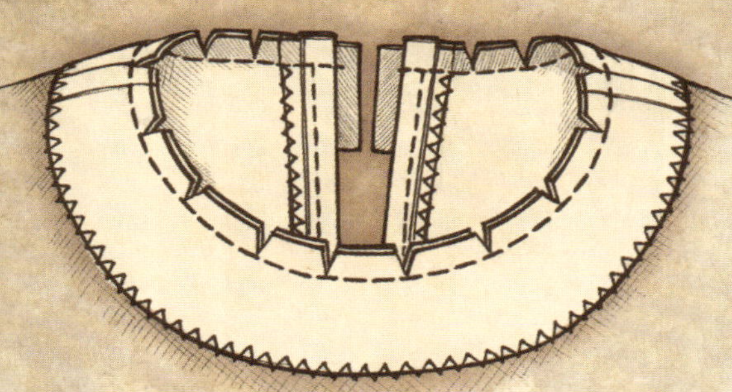
Runder Besatz vor dem Wenden

V-Ausschnitt mit Besatz vor dem Wenden

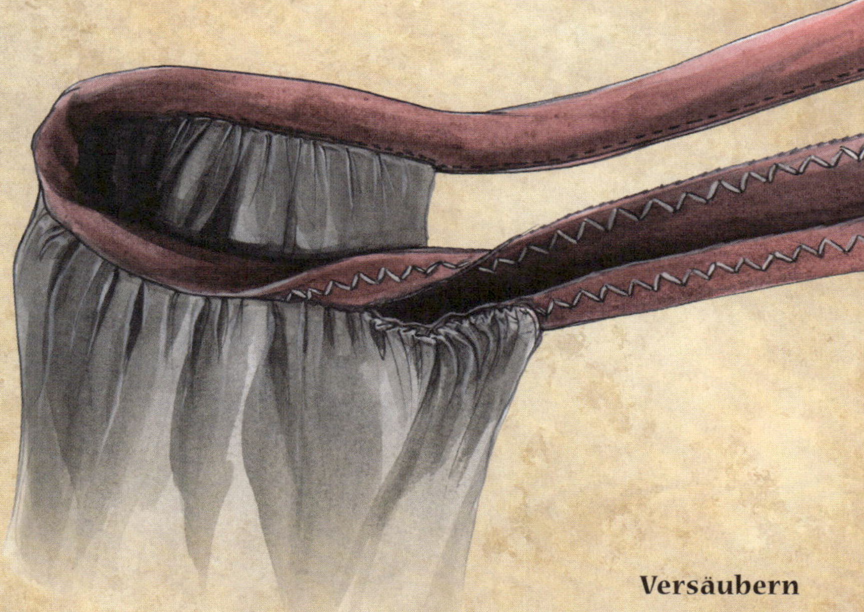
Eingefasster Ärmel

Steppnaht/Absteppen

Eine Maschinennaht, bei der alle Einstiche auf einer Linie gerade hintereinanderliegen. Die Steppnaht ist die gebräuchlichste Nahtform und wird für fast alle Näharbeiten benutzt.

Stoffbruch

Der Stoffbruch ist die Kante, an der der Stoff gefaltet ist. Teile, die „im Stoffbruch" zugeschnitten werden, werden nach dem Zuschnitt auseinandergefaltet.

Tunnelzug

Ein Tunnelzug entsteht an Säumen automatisch beim Nähen eines doppelten Umschlags. Unter Zuhilfenahme einer Sicherheitsnadel oder eines speziellen Stäbchens kann eine Kordel oder ein Gummiband hindurchgezogen werden, um einen Beutel oder eine Hose mit einem Verschließmechanismus zu versehen.

Versäubern

Durch das Versäubern wird das Ausfransen der Kanten eines Stoffstückes verhindert. Im Allgemeinen geschieht dies durch das Umnähen des Stoffstückes mit einem Zickzackstich. Die Kanten können vor oder nach dem Zusammennähen versäubert werden.

Verstürzen

Der Besatz wird rechts auf rechts auf den Ausschnitt schmal aufgesteppt. Die Kante muss vorsichtig an den Rundungen bzw. bei einem eckigen Ausschnitt an den Ecken bis zur Naht eingeschnitten werden. Vorsicht, die Naht darf dabei nicht verletzt werden. Danach wird die Kante versäubert. Der Besatz wird nach innen umgelegt, sodass er von außen nicht mehr zu sehen ist. Die Ausschnittkante kann dann schmal abgesteppt oder mit einem Besatz versehen werden. Spitzen wie z. B. an V-Ausschnitten werden schöner, wenn sie an der Spitze mit möglichst kurzer Stichlänge mit zwei oder drei Stichen quer zur Naht abgesteppt werden. Achtung: Alle Rundungen müssen vorsichtig bis zur Naht eingeschnitten bzw. keilförmig ausgeschnitten werden, um eine Spannung beim Wenden zu vermeiden.

Quellen

Coss, Melinda: *Grundkurs Sticken*. Augsburg 1997.

Fergg, Monika und Jürgen: *Filzen für Einsteiger*. München 2002.

Gilewska, Teresa: *Schnittkonstruktion in der Mode*. Grundschnitte. München 2012.

Gilewska, Teresa: *Schnittkonstruktion in der Mode*. Schnittabwandlungen, München 2012.

Halblinge. In: *LARPzeit #38* (2012–2013).

Knake, Jeanette: *Crazy Filz*. Rheinfelden 2006.

Paschold, Heidrun u. a.: *Werkstoffe für textile Kleidung*. 2. Aufl. Leipzig 1989.

Peacock, John: *Costume 1066–1990s*. London 1994.

Racinet, Albert: *Weltgeschichte der Kostüme*. Köln 1995.

Schnoor, Hartmut: *Nähen von A–Z*. Frankfurt/Main 1996.

Strand Holkeboer, Katherine: *Patterns for Theatrical Costumes*. New York 1993 [Reprint].

Wisniewski, Claudia: *Kleines Wörterbuch des Kostüms und der Mode*. Stuttgart 2003.

Zechlin, Ruth: *Werkbuch für Mädchen*. 15., erw. Aufl. Ravensburg 1950.

Danksagung

Dieses Buch wäre nicht entstanden ohne die Hilfe von Familie, Freunden und Halblingskennern. Besonders bedanken möchte ich mich bei meinem liebsten Halblingsehemann, der mir nicht nur immer wieder tiefe Einblicke in die Psyche eines Halblingsherrn gewährt, sondern auch zusammen mit unserer Freundin Nadine Mühlenberg geduldig für die Fotos posierte, die die Vorlagen für die Illustrationen in diesem Buch bildeten. Ein großes Dankeschön an die Betreiber des Zugpferdemuseums auf dem historischen Annenhof in Lütau, auf deren wunderschönem Gelände wir die ersten Bilder machen durften. Und natürlich an meinen alten Freund und Kenner Mittelerdes Stefan von Kroge, der mir Zugang zu seiner Bibliothek gewährt und mich mit seiner Begeisterung angesteckt hat. Auch bei meiner Freundin Lena Richter, die wieder einmal geduldig meine ersten Entwürfe probegelesen hat, möchte ich mich an dieser Stelle bedanken.

Naturtuche steht für naturreine Stoffe.
Ideal für Deine Larp- oder Reenactment-Gewandung.
Fühle den Unterschied.
Überzeuge Dich selbst!
Naturtuche, that's synonomous with pure and natural fabric.
Ideal for your LARP or reenactment vestments.
Feel the difference.
See for yourself!
Seide / Silk
Wolle / Wool
Hanf / Hemp
Leinen / Linen
NATUR TUCHE
www.naturtuche.de
Email: post@naturtuche.de • Telefon: +49 (0) 2302 - 1760 768 • Fax: +49 (0) 2302 - 1760 769
* Hier noch wichtige Infos zum Gutschein:
10 Euro Gutschrift für Deine Onlinebestellung bei Angabe des Gutscheincodes • einlösbar in unserem Online-Shop unter www.naturtuche.de • gültig für alle Produkte des gesamten Sortiments • nur ein Gutscheincode pro Person/Kundenkonto einlösbar • keine Bar- oder Restgeldauszahlung möglich • nicht kombinierbar mit anderen Aktions- oder Gutscheincodes • Stichprobenartig kann Naturtuche auf die Zusendung der Ecke mit dem Gutscheincode (unten links) bestehen • gültig bis 31.12.2021
* Here's some important information about the voucher:
10 Euro credit for your online order after entry of the voucher code • redeemable in our online-shop under www.naturtuche.de • valid for all products in our assortment • only one voucher code per person/account • no cash refund • not combinable with other offers and voucher codes • Naturuche may require random mailing of customer voucher's code corner (lower left) for verification • valid until 31.12.2021
GUTSCHEIN/VOUCHER*
Ihr Code / Your code:
KDM-b4Xh8+21
10€